Eccoci!

BEGINNING ITALIAN

Workbook and Laboratory Manual

Paola Blelloch
The College of New Jersey

Rosetta D'Angelo
Ramapo College

Prepared by

Ugo Skubikowski
Middlebury College

John Wiley & Sons, Inc.   New York   Chichester   Weinheim   Brisbane   Singapore   Toronto

ACQUISITIONS EDITOR	Lyn McLean
SUPPLEMENTS EDITOR	Amy Hegarty
MARKETING MANAGER	Carlise Paulson
SUPPLEMENTS MANAGER	Marsheela Evans
PRODUCTION EDITOR	Rita Kerrigan
DESIGN/COMPOSITION	Jan Ewing, Ewing Systems, New York, NY
ILLUSTRATION	Thunder Graphics

ISBN 0-471-30942-7

Printed in the United States of America

10 9 8 7 6 5

Printed and bound by Courier Westford, Inc.

Preface

This *Workbook* for *Eccoci!* contains eighteen chapters (plus a preliminary chapter) of exercises that correspond to the chapter organization of the textbook. With very few exceptions, each *Workbook* chapter contains at least one exercise for every point of grammar in *Eccoci!* to compliment the textbook's communicative approach by solidifying the grammatical base essential for effective communication. Following the basic approach of the textbook, many activities are set in a communicative context. To review and reinforce the grammar introduced in each textbook chapter, a guided writing assignment appears at the end of the corresponding *Workbook* chapter. The *Laboratory Manual* that follows the *Workbook* contains pronunciation exercises, drills, oral exercises and a few writing exercises to be used in tandem with the *Workbook* material. Like the *Workbook*, the organization of the *Laboratory Manual* also follows *Eccoci!*

I would like to thank the editorial staff at *John Wiley & Sons* for their expert assistance in preparing these materials.

Ugo Skubikowski

Table of Contents

Workbook

Capitolo preliminare

◆ PAROLE AFFINI
COGNATES (II)

P.1 *Write the English equivalents of the words.*

1. fatalità _____
2. crudeltà _____
3. festività _____
4. fissazione _____
5. fondazione _____
6. grazioso _____
7. prezioso _____
8. geologia _____

9. ortografia _____
10. presente _____
11. indipendente _____
12. astinenza _____
13. credibile _____
14. violinista _____
15. chitarrista _____

◆ I NUMERI DA 0 A 100
NUMBERS FROM 0 TO 100 (III)

P.2 **Quanto fa?** (*How much is . . . ?*); **+ (più) – (meno) ÷ (diviso) x (per).** *Answer the problems in Italian.*

1. diciassette più nove? _____

2. ventidue meno quattro? _____

3. quarantatrè meno otto? _____

4. novanta diviso dieci? _____

5. sei per otto? _____

6. quindici diviso cinque? _____

7. trentasei più diciannove? _____

8. sette per dodici? _____

9. sessantasei meno sedici? _____

10. ottantuno più tredici? _____

11. trentadue diviso otto? _____

12. ventuno per quattro? _____

VOCABOLARIO PER LA CLASSE
CLASSROOM VOCABULARY (IV)

P.3 *Identify the following classroom objects.*

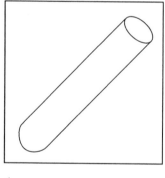

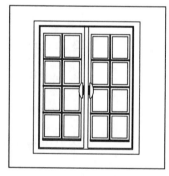

1. _____ 2. _____ 3. _____

4. _____ 5. _____ 6. _____

7. _____ 8. _____

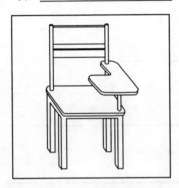

9. _____ 10. _____

I MESI
THE MONTHS

P.4 *In Italian, name the month for the following occasions.*

1. Christmas   _____

2. Valentine's Day   _____

3. Halloween   _____

4. Thanksgiving   _____

5. the beginning of summer   _____

6. the beginning of autumn   _____

7. Memorial Day   _____

8. Labor Day   _____

9. your birthday   _____

10. the beginning of the spring semester _____

P.5 *Write out the dates in Italian.*

1. July 9 _____
2. August 12 _____
3. March 2 _____
4. January 30 _____

5. October 13 _____
6. February 16 _____
7. May 4 _____
8. April 15 _____

P.6 *Complete the sentences with the correct months in Italian (and dates, if you know them).*

1. I mesi dell'autunno sono: _____

2. I mesi dell'inverno sono: _____

3. I mesi della primavera sono: _____

4. I mesi dell'estate sono: _____

◆ INTERROGATIVI
INTERROGATIVES (V)

P.7 *Answer each question in Italian. A complete sentence is not necessary. Write out the numbers in Italian where appropriate.*

1. Quanti studenti in classe? _____

2. Chi è il professore (la professoressa)? _____

3. Dov'è la scuola/università (lo stato)? _____

4. Quanto costa il libro d'italiano? _____

5. Cos'è questo? (Dove scrivi?) _____

6. Che colore è il libro? _____

Capitolo 1

L'università

◆ **PER COMINCIARE**

TO BEGIN WITH

1.1 **L'Università di Urbino.** *While browsing the World Wide Web, you come across this map of the University of Urbino. Identify the buildings and places that correspond to the numbers indicated.*

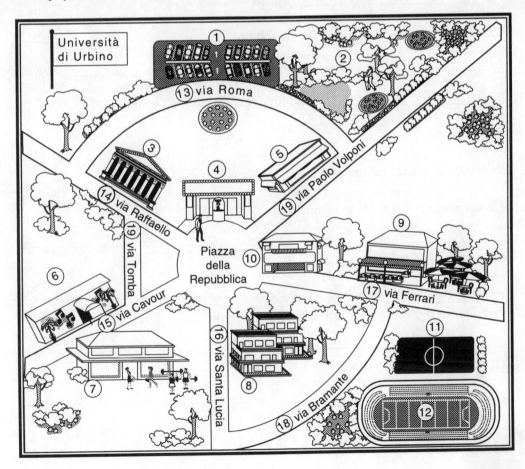

MODELLO _____*parcheggio*_____ (1)

a. _____ (2)   f. _____ (7)

b. _____ (3)   g. _____ (8)

c. _____ (4)   h. _____ (9)

d. _____ (5)   i. _____ (10)

e. _____ (6)   j. _____ (11)

◆ INCONTRI
ENCOUNTERS

1.2 *Complete the sentences, based on the conversations and the expressions in the textbook (pages 20–22).*

1. _____ giorno, signorina, _____ sta?

   Sto _____ , grazie.

2. _____ chiamo Giorgio. E tu, _____ _____ chiami?

3. Io _____ polacco. E tu, _____ dove sei?

4. _____ un film oggi? No, c'è una conferenza.

5. Arrivederci, _____ presto!

1.3 *Write out the exchanges in Italian.*

1. Hi, my name is Carlo. What's your name?

   _____

   Gina Radicchio. Pleased to meet you!

   _____

2. Good morning, Professor Cornacchia, how are you?

   _____

   Not bad, thank you. And you?

   _____

   I'm fine. See you tomorrow.

   _____

◆ **PRESENTE DEL VERBO _ESSERE_ E PRONOMI SOGGETTO**
Present tense of the verb _to be_ and the subject pronouns (I)

1.4 _Complete each sentence with the appropriate form(s) of_ **essere**_._

1. Paul, _____ francese o americano?

2. Piero e Cinzia, di dove _____ voi?

3. Alfredo e io _____ a Urbino.

4. Professore, Lei _____ di Ancona?

5. Maura e Fabrizio _____ a San Francisco.

6. Enzo _____ italiano e io _____ cinese.

1.5   Dove sono? _Where are the following people? Ask about or state their whereabouts by providing the appropriate subject pronouns. Pay attention to the forms of address (familiar or formal)._

1. Signor Ferrandini, _____ è in ufficio (_at the office_)?

2. Aldo e Franco, _____ siete a Pesaro?

3. _____ sei in biblioteca?

4. _____ siamo in mensa.

5. Professor Leoni e Signora Leopardi, _____ sono in via Bramante?

6. Dove sono Luisa e Marco? _____ è in classe e _____ è in palestra.

◆ **NEGAZIONE**
NEGATION

1.6 _Rewrite the sentences, changing them from the negative to the affirmative._

1. Non ci sono due professori americani. _____

2. Giulia non è di Macerata. _____

3. Non è un'automobile tedesca. _____

4. Noi non siamo in ufficio. _____

5. Voi non siete di Cepagatti. _____

6. Non ci sono tre zaini. _____

◆ NOMI
NOUNS (III)

1.7 *Indicate whether the words are masculine singular (ms), masculine plural (mp), feminine singular (fs), or feminine plural (fp).*

1. amico _____
2. giornali _____
3. signora _____
4. mense _____
5. professore _____

6. studenti _____
7. quaderno _____
8. libro _____
9. teatri _____
10. piazza _____

11. aula _____
12. penne _____
13. lavagna _____
14. librerie _____
15. lezione _____

◆ ARTICOLO INDETERMINATIVO
INDEFINITE ARTICLE (IV)

1.8 *Rewrite the sentences in the singular.*

MODELLO   Ci sono due quaderni. _____ *C'è un quaderno.* _____

1. Ci sono due studenti. _____C'è un studento_____
2. Ci sono due teatri. _____C'è un teatro_____
3. Ci sono due calcolatrici. _____C'è una calcolatrico_____
4. Ci sono due lezioni. _____C'è un leziono_____
5. Ci sono due studentesse. _____C'è un studentessa_____
6. Ci sono due italiani. _____C'è un italiano_____
7. Ci sono due libri. _____C'è un libro_____
8. Ci sono due zaini. _____C'è un zaino_____
9. Ci sono due zie. _____C'è un zia_____

10. Ci sono due americane. _Cè un americana_____

11. Ci sono due mense. _Cè un mensa_____

12. Ci sono due aule. _Cè un aula_____

◆ AGGETTIVI
ADJECTIVES (V)

Bella/Belle – fem
Bello/Belli – mas

1.9 *Rewrite the sentences, changing everything possible to the singular.*

sin- elegante-mas or fem
plur- eleganti-mas or fem

1. Ci sono due libri italiani. _Cè un libro italiano_____
   These are 2 books

2. Ci sono due ragazzi forti e sportivi. _Cè un ragazzo forte e sportivo_

   _____

3. Sono tre lezioni difficili. _____

4. Ci sono quattro studenti intelligenti. _Cè un_____

   _____

5. Sono cinque macchine francesi belle. _____

   _____

6. Non ci sono due studentesse pigre e irresponsabili. _____

   _____

1.10 *Rewrite the sentences, changing everything possible to the plural. In each case, use any number higher than one.*

1. C'è un signore nervoso. _____

2. È una ragazza bella e intelligente. _____

3. Dov'è uno zaino elegante? _____

4. C'è un giovane italiano alto e biondo. _____

5. È un cane furbo e divertente. _____

6. Non è uno stadio grande e bello. _____

AGGETTIVI CHE PRECEDONO I NOMI
ADJECTIVES THAT PRECEDE NOUNS (VI)

1.11 **Al contrario. (On the contrary.)** *Silvana is in a contrary mood today. When you ask her questions, she contradicts you. Write out her response to each question, paying special attention to the placement of the adjective.*

MODELLO È una nuova scrivania? _____ *No, è una vecchia scrivania.* _____

1. È una bella macchina? _____

2. È un giovane professore? _____

3. È una buona mensa? _____

4. È uno studente antipatico? _____

5. È un corso interessante? _____

6. È una signora generosa? _____

1.12 *Give the Italian equivalent of each sentence, paying special attention to those adjectives that precede nouns.*

A.

1. There are Japanese students in the library. _____

   _____

2. Where is a large notebook? _____

3. Mino is a small cat. _____

4. It is not a fun (amusing) summer. _____

5. There is a young girl in the cafeteria. _____

6. There is a small dog at home (*a casa*). _____

B.

1. He is a very handsome young man. _____

2. Muzio and Filippo are young French students. _____

3. It is a new and small restaurant. _____

4. There are many nice professors. _____

5. There are no bad Italian books. _____

6. Here are (*Ecco*) two old black cars. _____

1.13 **Come sono?** (**_What are they like?_**) _Describe the people below according to the qualities they suggest to you. Use at least three adjectives for each person._

1.
   _____
   _____
   _____
   _____

2.
   _____
   _____
   _____
   _____

3.
   _____
   _____
   _____
   _____

4.
   _____
   _____
   _____
   _____

5.
   _____
   _____
   _____
   _____

6.
   _____
   _____
   _____
   _____

PLURALI IRREGOLARI
IRREGULAR PLURALS (VII)

1.14 *Rewrite the sentences, changing everything possible to the singular.*

1. Ci sono due grandi parchi. _____

2. Sono due amici simpatici. _____

3. Sono tre artisti molto bravi. _____

4. Dove sono due piccole città inglesi? _____

5. Quali zii sono di Ancona? _____

6. I nuovi film italiani sono lunghi? _____

Scriviamo un po'! (Let's write a little!)

In this section, you will have the opportunity to write a brief composition in Italian related to the theme and culture of the chapter. Before you write, you will be asked to prepare for your composition by jotting down some notes or ideas. After writing your piece, you will be asked to review and revise it, focusing on specific structures.

La mia (*my*) università

A. *On a separate sheet of paper, make a list of the principal buildings on your campus. Also list the subjects you are studying and the names of your favorite professors. Jot down other pertinent information about your school—if it is new or old, large or small, if there are many students, if the professors are good, and so on.*

B. *Using your notes as a guide, write a short paragraph below describing your university. You may include these expressions: C'è... / Ci sono... , le materie che studio (the subjects I'm studying) sono... , i miei professori preferiti / le mie professoresse preferite (my favorite professors) sono...*

La mia università _____

_____

_____

_____

_____

_____

_____

_____

_____

_____

_____

C. *Review what you have written, paying special attention to the agreement of nouns and adjectives and to the position of adjectives (before or after nouns). Revise your text if necessary.*

Capitolo 2

Il mondo del lavoro

◆ **PER COMINCIARE**

2.1 Quali professioni?

A. *The people below are undecided as to the professions they would like to pursue. For each person, suggest a profession (different from the one shown in the illustration on page 44 of the textbook) and write it in the space provided.*

B. *Since you aren't sure about your suggestions, give another possible profession for each person by completing the sentences, based on the pictures.*

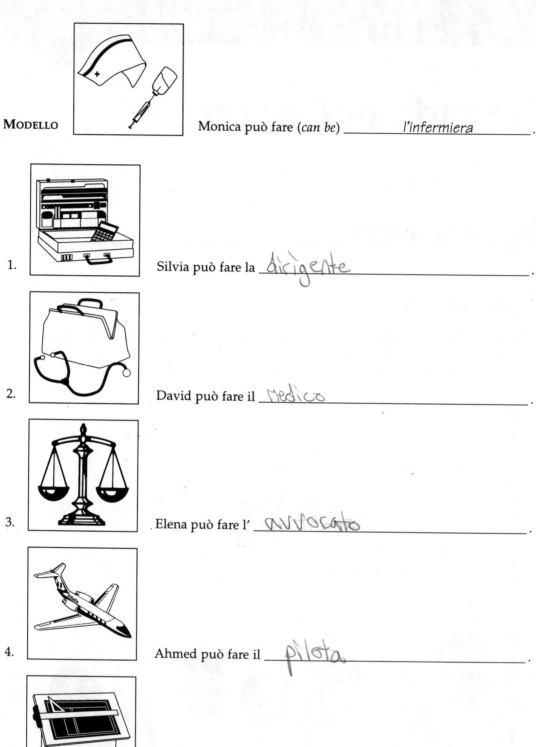

MODELLO   Monica può fare (*can be*) _____l'infermiera_____.

1.   Silvia può fare la _dirigente_____.

2.   David può fare il _medico_____.

3.   Elena può fare l' _avvocato_____.

4.   Ahmed può fare il _pilota_____.

5.   Matteo può fare l' _architetto_____.

6. Francesca può fare la _giornalista_____ .

◆ INCONTRI

2.2 *After studying dialogues A and B in the textbook, complete the conversations below.*

A.

PAOLO: _____ , ha l'orario?

MICHELE: _____ , prego.

PAOLO: _____ ! Lei è bolognese?

MICHELE: Sì. E _____ , _____ dov'è?

PAOLO: _____ di Napoli.

B.

RITA: _____ , Elena.

ELENA: Ciao, Rita.

RITA: _____ un nuovo vestito! Che _____ magnifici!

ELENA: _____ piace? _____ un vestito di Benetton,

           _____ faccio la commessa.

RITA: Tu _____ sempre _____ gusto!

◆ ARTICOLO DETERMINATIVO
THE DEFINITE ARTICLE (I)

2.3 **Dove sono?** *Ask where the following places, things, or people are, supplying the definite article and a plural form of the verb when appropriate.*

MODELLO   ristorante Dante e Beatrice   *Dov'è il ristorante Dante e Beatrice?*

1. parcheggio Manolesta _____

2. biblioteca Marucelliana _____

3. stadio San Paolo _____

4. università di Urbino _____

5. orologio di Pulcinella _____

6. zaino Invicta _____

7. scrivania dell'Ingegner Poldo _____

8. quaderni gialli _____

9. studentessa algerina Fathma _____

10. amici russi Yuri e Olga _____

11. Professor Bianchi _____

12. cameriera Cesira _____

2.4 *Rewrite the sentences, changing everything possible to the plural.*

1. La scuola è buona. _____

2. Il negozio è elegante. _____

3. L'inverno è molto lungo. _____

4. Il vestito è verde. _____

5. Dov'è lo studente americano? _____

6. La giornalista non è vecchia. _____

2.5 *Ask information to find the people and places you are looking for, supplying indefinite and the definite articles.*

MODELLO   C'è _____un_____ ospedale in città?
          Sì, c'è _____l'_____ ospedale Fatebenefratelli.

1. C'è _____ aeroporto in Emilia Romagna?

   Sì, c'è _____ aeroporto a Bologna.

2. C'è _____ psicologo a Parma?

   Sì, c'è _____ psicologo Trombetta.

3. C'è _____ azienda importante a Rimini?

   Sì, c'è _____ azienda Gnoccobello a Rimini.

4. C'è _____ università a Bologna?

   Sì, c'è _____ università di Bologna.

5. C'è _____ avvocato a Ravenna?

   Sì, c'è _____ avvocato Deotaiuti.

6. C'è _____ zia a Mantova?

   Sì, c'è _____ zia Pasqualina.

2.6 *Give the Italian equivalents of the sentences.*

1. Is Doctor Panzanella here? _____

2. "Good morning, Professor Prosciutti." _____

3. The lesson is on Thursdays. _____

4. Where are the store, school, and offices? _____

5. There isn't a lecture on Friday. _____

6. How many houses are there? _____

7. Italy is small. _____

◆ ECCO . . .
HERE IS / ARE . . .

2.7 *Forgetful Venanzio wants to know where several things are. Reply using ecco.*

1. Dove sono gli gnocchi? _____

2. Dov'è il vino? _____

3. Dov'è il parco? _____

4. Dov'è la rivista? _____

5. Dove sono gli amici? _____

6. Dove sono gli spaghetti? _____

PRESENTE DI *AVERE*
PRESENT TENSE OF THE VERB *TO HAVE* (III)

2.8 Think big! *Say that the people indicated in parentheses have a red Ferrari (**avere una Ferrari rossa**).*

1. (Salvatore) _____

2. (i signori Strizzafava) _____

3. (io) _____

4. (voi) _____

5. (tu) _____

6. (Gelsomina ed io) _____

ESPRESSIONI CON *AVERE*, IV

2.9 *Say that the people are in a hurry (**avere fretta**).*

1. (Anna) _____

2. (Luigi e Piero) _____

3. (voi) _____

4. (tu) _____

5. (Filiberto e Pippo) _____

6. (io) _____

2.10 *Interpret the clues and indicate what the following people feel, using expressions with **avere**.*

MODELLO Raimonda: 95F _____ *ha caldo.* _____

1. il Professor Paolini: –10F _____

2. Fedele ed io: bibite _____

3. voi: spaghetti _____

4. i signori Filippetti: una di notte _____

5. tu: Freddie Krueger, Dracula, Mr. Hyde _____

6. io: un A+ in un esame d'Italiano _____

2.11 *For each picture, write an expression with **avere** that comes to mind. Be sure to make **avere** agree with the subject.*

1.

_____

_____

_____

_____

2.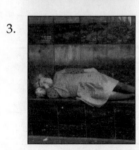

_____

_____

_____

_____

3.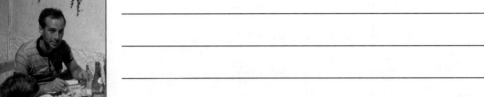

_____

_____

_____

_____

4.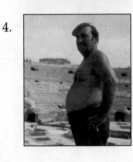

_____

_____

_____

_____

2.12 *Express the sentences in Italian.*

1. How old are you (*fam., sing.*)? _____

2. I'm eighteen years old. _____

3. Tullia is in a hurry. _____

4. Rocco and Nigel need a lawyer. _____

5. We are hungry. _____

6. "Professor Palma, are you cold?" _____

7. "Nino, are you thirsty? Here is a soft drink!" _____

8. It is summer and you (*fam. pl.*) are hot. _____

9. I need a chair. _____

10. These suits are in good taste. _____

2.13 Quanti anni hanno? *Answer using avere and write out the numbers. (Guess if you don't know.)*

1. la mamma _____

2. il papà (babbo) _____

3. il vecchio zio _____

4. la zia preferita _____

5. il fratello (*brother*) _____

6. la sorella (*sister*) _____

7. il nonno (il papà del papà o della mamma) _____

8. la nonna (la mamma del papà o della mamma) _____

9. il professore o la professoressa d'italiano _____

10. lo studente o la studentessa vicino(a) (in classe) _____

Scriviamo un po'!

Il mio curriculum

A. *Imagine that you are going to your first job interview in your chosen (or intended) profession. Review the résumé on page 57 of your textbook. Then, on a separate sheet of paper, jot down some facts about your work experience, the languages you know, and your educational background. (You may take liberties, since this is an imagined interview.)*

B. *Using your notes as a guide, fill in the résumé below.*

Il curriculum di

(fill in your name)

DATA DI NASCITA _____

STATO CIVILE (nubile o sposato/sposata) _____

ESPERIENZA PROFESSIONALE _____

_____

_____

LINGUE STRANIERE _____

_____

STUDI COMPIUTI _____

_____

_____

REFERENZE _____

INDIRIZZO _____

C. *Review what you have written, paying special attention to the spelling of the nouns used to describe your work experience and your educational background. If necessary, make revisions.*

Capitolo 3

La famiglia italiana

◆ **PER COMINCIARE**

3.1 **Una famiglia.** *Indicate the relationships of the family members according to the illustration.*

MODELLO   Giorgio è _____ *il padre* _____ di Paolo e Giovanna.

1. Giorgio è _____ dei signori Pozzi.

2. Carmela è _____ dei signori Pozzi.

3. Roberto è _____ di Carmela.

4. Milena è _____ di Giorgio.

5. Carmela è _____ di Paolo e Giovanna.

6. Giorgio è _____ di Carmela.

7. Giorgio è _____ di Pietro, Marco e Susanna.

8. Giovanna è _____ di Pietro, Marco e Susanna.

9. Susanna è _____ di Pietro e Marco.

10. Pietro è _____ di Paolo e Giovanna.

11. Milena è _____ di Carmela.

12. I signori Pozzi sono _____ di Paolo, Giovanna, Pietro, Marco e Susanna.

3.2 *Answer the following questions about your family using the correct expressions in Italian.*

1. Come si chiama la mamma? _____

2. Come si chiama il babbo? _____

3. Quanti anni hanno i genitori? _____

_____

4. Che lavoro fanno? _____

_____

5. Quanti fratelli o sorelle hai? _____

6. È fidanzato (fidanzata) un fratello (una sorella) ? _____

_____

7. Ha figli lo zio preferito (la zia preferita)? _____

_____

8. Come si chiama il cugino preferito (la cugina preferita)? _____

_____

3.3 **Puoi fare l'interprete.** *Give the Italian equivalent of this brief exchange between Armando and Gelindo about their families.*

A: Do you have a wife? _____

_____

G: Yes, her name is Veronica and she has a job in a large firm. Are you married?

_____

_____

A: Yes, but I am divorced. I have two children, Fabio and Faustina. They are eight and ten

years old. _____

_____

◆ **INCONTRI**

3.4 *After familiarizing yourself with the **Incontri** dialogues and the grammar introduced in the chapter, complete these conversations with the missing words or word endings.*

MADRE: Allora, Stefano, _____ invitia_____ per la _____ del

t_____ compleanno?

STEFANO: I _____ amici di scuola. Così ricev_____ molti _____.

MADRE: E i t_____ parenti?

STEFANO: _____ sicura che desider_____ venire?

Due amiche parl_____ al telefono.

GABRIELLA: _____ , _____ parla?

SANDRA: _____ Sandra, ciao Gabriella.

GABRIELLA: Ciao! _____ fai di bello oggi?

SANDRA: Stamattina lavor_____ . Di pomeriggio incontr_____ Laura.

Gabriella e Sandra continu_____ a _____ per venti _____ .

3.5 *After reading Incontri, answer the questions in Italian.*

1. Chi ha una festa di compleanno?

   _____

2. Chi desidera invitare Stefano?

   _____

3. Con chi parla Gabriella?

   _____

4. Cosa fa di bello Sandra?

   _____

5. Quando guarda la televisione Sandra?

   _____

6. Dove desidera andare Gabriella sabato sera?

   _____

7. Gabriella desidera prendere l'autobus sabato sera?

   _____

3.6 Be the interpreter! *Express this brief exchange in Italian. Chester, an American student at the University of Palermo, talks with his friend Gaspare on the telephone.*

C: (idiomatic way of answering the telephone in Italian) _____

   _____

G: Hi! What are you doing Wednesday evening? _____

   _____

C: I'm watching TV. _____

G: And Thursday evening? _____

C: I am buying a new car. _____

G: On Saturday afternoon, why don't we go dancing at Planet Palermo with Helga

   and Gina? _____

   _____

C: Good idea! _____

◆ AGGETTIVI POSSESSIVI
POSSESSIVE ADJECTIVES (I)

3.7 **Di chi sono?** *Make a question using the possessive adjective that corresponds to the subject pronoun in parentheses.*

> MODELLO   libri (tu)
> *Sono i tuoi libri?*

1. parenti (lui) _____

2. nipoti (lei) _____

3. amico (io) _____

4. incontro (loro) _____

5. musica (voi) _____

6. lettere (tu) _____

7. regali (loro) _____

8. famiglia (lei) _____

3.8 *Rewrite each expression in the plural.*

1. il suo bambino _____

2. la loro casa _____

3. la sua macchina _____

4. il mio vestito _____

5. il tuo lavoro _____

6. la nostra televisione _____

7. il vostro telefono _____

8. il loro zaino _____

3.9 *Complete with the appropriate possessive adjective (with the article) to indicate ownership by the person(s) addressed.*

1. "Professore, è _____ aula?"

2. "Mamma, sono _____ amiche?"

3. "Saverio, questo non è _____ appartamento?"

4. "Dottor Mariani, questi sono _____ strumenti?"

5. "Pietro e Gino, questi sono _____ genitori?"

6. "Signor Minzoni e signora Conti, non è _____ compleanno?"

◆ USO DELL'AGGETTIVO POSSESSIVO SENZA L'ARTICOLO
USE OF THE POSSESSIVE ADJECTIVE WITHOUT THE ARTICLE (II)

3.10 *Complete with the appropriate possessive adjective that corresponds to the subject, with or without the definite article.*

MODELLO   Noi siamo con _____ parenti.

Noi siamo con __*i nostri*__ parenti.

1. Io non invito _____ vecchio zio.

2. Palmira parla con _____ madre.

3. Il professor Panucci abita con _____ sorella.

4. I signori Leoni sono con _____ figlia.

5. Cesare e Rosalia sono a Messina con _____ cugino.

6. Io guido con _____ padre.

7. Noi prendiamo l'autobus con _____ zia siciliana.

8. Oggi io incontro _____ genitori al Hollywood Club.

3.11 *Express the sentences in Italian.*

1. My relatives are nice. _____

2. How is your (*polite, sing.*) sister? _____

   _____

3. Their son is tall. _____

4. Here is your (*familiar, sing.*) Italian nephew. _____

   _____

5. Is our brother here? _____

6. Her birthday is in January. _____

◆ PRESENTE INDICATIVO DEI VERBI REGOLARI IN *-ARE* E *-ERE*
PRESENT INDICATIVE OF REGULAR *-ARE* AND *-ERE* VERBS (III)

3.12 *Say that the people indicated in parentheses live in Sicily (**abitare in Sicilia**).*

1. (loro) _____

2. (voi) _____

3. (tu) _____

4. (noi) _____

3.13 *Say that the people indicated in parentheses are speaking Italian (**parlare Italiano**).*

1. (io) _____

2. (Lei) _____

3. (Gastone) _____

4. (Federica e Giada) _____

3.14 *Say that the people indicated in parentheses are having a cup of coffee (**prendere un caffè**).*

1. (Rocco ed io) _____

2. (Vito) _____

3. (voi) _____

4. (tu) _____

3.15 *Say that the people indicated in parentheses write well (**scrivere bene**).*

1. (Mafalda) _____

2. (io) _____

3. (Chiara e Gilberto) _____

4. (Lei) _____

3.16 *Complete the sentences with the present tense form of the verb in parentheses.*

1. Io non (guidare) _____ in Sicilia.

2. Helmut (ballare) _____ con sua cugina al Hollywood Club.

3. "Professor Farinelli, (prendere) _____ un caffè?"

4. "Silvestra e Mariangela, dove (comprare) _____ i vostri vestiti?"

5. Noi (ascoltare) _____ la musica di Barry Manilow a Palermo.

6. Tu non (scrivere) _____ ai tuoi nonni.

7. Annalisa e Piero (leggere) _____ un libro tedesco.

8. Ettore ed io (guardare) _____ la televisione.

◆ CAMBIAMENTI ORTOGRAFICI DEI VERBI IN *-CARE, -GARE* E *-IARE*
SPELLING CHANGES IN VERBS ENDING IN *-CARE, -GARE,* AND *-IARE* (IV)

3.17 *Complete the sentences with the present tense form of the verb in parentheses.*

1. La mia fidanzata (mangiare) _____ le sardine il venerdì.

2. Mio fratello ed io (cercare) _____ una palestra a Trapani.

3. La signora Costello (giocare) _____ con i suoi nipoti.

4. Claudio ed io (studiare) _____ a casa oggi?

5. Andrea e Sandrina (litigare) _____ per due cannoli.

6. Quando tu (essere) _____ a Messina, (dimenticare)

   _____ di scrivere ai parenti.

7. "Morton e Nigel, non (viaggiare) _____ a Agrigento martedì?"

8. "Dottor Rossi, (cominciare) _____ a scrivere un nuovo libro?"

3.18 *Express the sentences in Italian.*

1. I am buying a present. _____

2. My parents are traveling to Caltanisetta on Thursday. _____

   _____

3. They do not speak Italian. _____

4. On Fridays, we eat with my grandmother. _____

   _____

5. "Carlo, are you looking for a new car?" _____

   _____

6. "Professor Pinelli, are you reading the paper?" _____

   _____

7. I drive to Palermo with my friends. _____

   _____

8. In August, Gaspara does not watch television: she dances in a disco!

   _____

3.19 *Write a sentence to describe each picture.*

1.  _____

   _____

   _____

   _____

2.  _____

   _____

   _____

   _____

3.

_____
_____
_____
_____

4.

_____
_____
_____
_____

5.

_____
_____
_____
_____

6.

_____
_____
_____
_____

7.

_____
_____
_____
_____

8.

_____
_____
_____
_____

ESPRESSIONI DI FREQUENZA
EXPRESSIONS OF FREQUENCY (V)

3.20 Disagreements. *Your Sicilian uncle Rocco claims that you never do certain things. Using* **spesso**, **sempre** *or* **qualche volta**, *disagree.*

MODELLO   ZIO ROCCO: "Non parli mai italiano!"
           "*Non è vero, parlo spesso italiano!*"

1. Non balli mai con tua cugina Ortensia al Hollywood Club!

   _____

2. Non mangi mai le sardine della zia Desideria!

   _____

3. Non lavori mai il sabato sera!

   _____

4. Non ascolti mai la musica classica!

   _____

5. Non incontri mai i tuoi amici a Trapani!

   _____

6. Non aspetti mai il tuo vecchio zio Rocco!

   _____

3.21 *Express the sentences in Italian.*

1. Carmine never eats cannoli.

   _____

2. Sometimes we take the bus.

   _____

3. She does not write often to her cousins.

   _____

4. Gino and Heinz always study in the evening.

   _____

Espansione grammaticale

ARTICOLO INDEFINITO + AGGETTIVO POSSESSIVO
THE INDEFINITE ARTICLE + POSSESSIVE ADJECTIVE

3.22 *Express the sentences in Italian.*

1. Nathan, a friend of mine, is afraid of the doctor.

    _____

2. Yagoub is my friend. _____

3. Your brother is tired. _____

4. Which relative of yours lives in Tangiers? _____

    _____

Scriviamo un po'!

Ritratto (*Portrait*) della mia famiglia

A. *On a separate sheet of paper, list your family members (or the members of an imaginary family). Along with each name, note the relationship of that person to you, two or three of that person's activities, and how often (and when) that person engages in them. Also jot down other pertinent information, such as the person's age and characteristics.*

B. *Using your notes as a guide, write a short paragraph below describing your family members and their activities.*

MODELLO   Barbara è mia sorella. Ha sedici anni. È intelligente e simpatica. Studia spesso in biblioteca. Scrive anche molte lettere. Di sera (*In the evening*), parla qualche volta al telefono (*on the telephone*).

La mia famiglia _____

_____

_____

_____

_____

_____

_____

_____

_____

_____

_____

_____

_____

_____

C. *Review what you have written, paying special attention to the verb forms used to describe activities and to the expressions of frequency. Revise your text if necessary.*

Capitolo 4

Le compere: negozi e mercati

◆ **PER COMINCIARE**

4.1 **Che cosa portano?** *(What are they going to wear?)* *The people below are going to different places today. Indicate what each person might wear based on his or her destination. Choose from the articles of clothing shown in the illustration.* NOTE: *Some people may wear the same article(s) of clothing.*

MODELLO *Alberto is going to a barbecue.*
        Alberto porta *(is going to wear)* <u>una maglietta e un paio di pantaloncini.</u>

1. *Lorenzo is going jogging.*

   Lorenzo porta _____

2. *Cecilia is going shopping.*

   Cecilia porta _____

3. *Aldo is going to the movies with his girlfriend Gina.*

   Aldo porta _____

4. *Isabella is going to the beach.*

   Isabella porta _____

5. *Mr. Bianchi is going to the office.*

   Il signor Bianchi porta _____

6. *Diana is going to a picnic.*

   Diana porta _____

◆ I NEGOZI

4.2 *Identify the stores in the pictures and some of what they sell.*

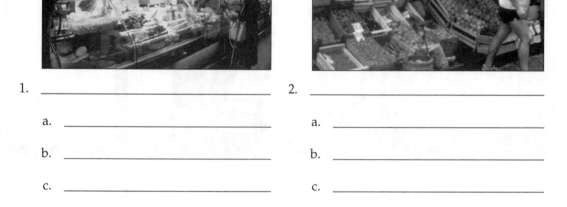

1. _____   2. _____

   a. _____   a. _____

   b. _____   b. _____

   c. _____   c. _____

3. _____ 4. _____

a. _____ a. _____

b. _____ b. _____

c. _____ c. _____

5. _____

a. _____

b. _____

c. _____

 INCONTRI _____

4.3 *After reading* **Incontri**, *answer the questions in Italian.*

1. Dov'è Anna?

_____

2. Cosa desidera comprare?

   _____

3. Perchè Anna desidera uno sconto?

   _____

4. Quanto paga Anna per la gonna?

   _____

5. Dov'è il signor Piacesi?

   _____

6. Cosa compra?

   _____

7. Che cosa non ha il fruttivendolo?

   _____

8. Perchè il signor Piacesi ritorna al negozio domani?

   _____

◆ PRESENTE INDICATIVO DEI VERBI IN *-IRE*
PRESENT INDICATIVE OF *-IRE* VERBS (I).

4.4 *Give the present tense form of the verbs in parentheses.*

1. Tu non (dormire) _____ in estate.

2. Enrica (offrire) _____ il formaggio a sua nipote Gina.

3. Io (preferire) _____ le fragole alle banane.

4. "Dottor Rossi, (capire) _____ quando parlo italiano?"

5. Gilberto e Annamaria (desiderare) _____ un chilo di prosciutto.

6. Questa gonna di Versace (costare) _____ 300.000 lire.

7. "Bambini, (pulire) _____ la vostra camera il sabato?"

8. Zaccaria non (finire) _____ mai gli spinaci.

9. I miei genitori (prendere) _____ sempre la carne al ristorante.

10. Noi (aprire) _____ il nostro negozio di frutta e verdura la mattina.

11. "Luigi, quando (partire) _____ per Frosinone?"

12. Io oggi (vedere) _____ Francesca alla palestra.

◆ NUMERI CARDINALI DA 100 IN SU
CARDINAL NUMBERS FROM 100 ON (II)

4.5 **For sale at the market.** *Write out the prices of the items in Italian.*

1. Questi pantaloni costano 150.000 _____ lire.

2. Questa camicia costa 74.400 _____ lire.

3. Questa giacca costa 293.200 _____ lire.

4. Questo vestito costa 436.000 _____ lire.

5. Questa gonna costa 86.900 _____ lire.

6. Quest'uva costa 5.600 _____ lire al chilo.

7. Questo formaggio costa 27.800 _____ lire al chilo.

8. Queste mele costano 4.750 _____ lire al chilo.

9. Questa carne costa 18.200 _____ lire al chilo.

10. Questi fagiolini costano 6.100 _____ lire al chilo.

◆ LA DATA
THE DATE (III)

4.6 *Express the sentences in Italian.*

1. What is the date? _____

2. When were you born? _____

3. When is your birthday? _____

4. I was born on the first of July. _____

5. Today is September 15, 1997. _____

 **L'ORA**
TIME (IV)

4.7 **Be the interpreter!** *Give the Italian version of this conversation between Diana and Orazia.* *(Use a separate sheet of paper.)*

DIANA: Hi, Orazia! You are late!

ORAZIA: I clean my room on Saturday mornings. What time is it?

DIANA: It is ten o'clock. Do you want [wish] to go to the store?

ORAZIA: Yes, but I am meeting my mother at the office at one o'clock sharp.

DIANA: At twelve-thirty we'll be at her office. OK?

ORAZIA: When I arrive early my mother is happy. Look–the bus is leaving on time at (a) quarter to eleven. Let's go!

Scriviamo un po'!

La spesa

A. *Briefly interview two or three classmates, asking them where they prefer to do their grocery shopping, at what time, what foods they most often buy, and how much they spend. Take notes on a separate sheet of paper. Then answer these same questions yourself.*

B. *Using your notes as a guide, write a brief paragraph describing these classmates' shopping habits and your own. Include the verbs **preferire** and **spendere**, and expressions such as **spesso**, **qualche volta**, and **di solito** (usually).*

La spesa

_____

_____

_____

_____

_____

_____

_____

_____

_____

_____

_____

_____

_____

_____

_____

C. *Review what you have written, paying special attention to the verb forms, to the spelling of the stores and foods, and to the times. Revise your text if necessary.*

Capitolo 5

La donna italiana

 PER COMINCIARE

5.1 Cristina e Gemma. *Complete the descriptions of Cristina and Gemma based on the drawings below and the vocabulary on page 112 of the textbook. Choose appropriate adjectives from the following list. (Some adjectives may apply to both Cristina and Gemma.)*

atletica	dinamica	professionista
attiva	elegante	romantica
attraente	emancipata	sentimentale
autosufficiente	indipendente	seria
colta	intellettuale	sportiva

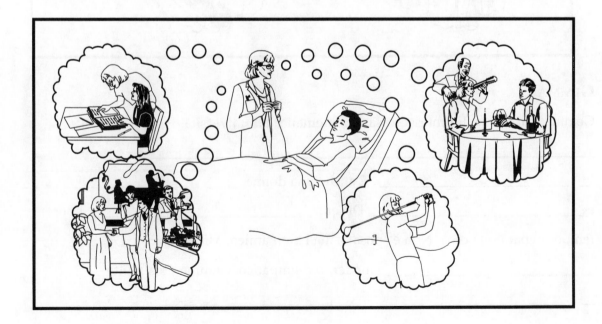

CRISTINA

Cristina è di Lecco. Ha trentacinque anni e lavora in un ospedale. È

_____ , _____ e

_____ . _____ molto tempo

nell'ospedale, ma gioca spesso a golf. Pratica (*She plays*) molti sport; è

_____ e _____ _____ . Di sera,

aiuta sua figlia a _____ _____

_____ . È anche una donna _____ ;

ama le cene _____ .

GEMMA

Gemma è di Stresa. È professoressa di matematica all'università. È

_____ , _____ e

_____ . È anche una donna _____

e _____ . Di sera, _____ il per

tempo preparare la cena. Non è sposata, ma ha un amico, Michele, un

_____ moderno e simpatico. Gemma ama molto

_____ _____ .

5.2 *Give the Italian equivalent of the sentences.*

1. Giovanna is from Sirmione and is 25 years old.

   _____

2. Marco and Caterina are professionals: they work in a bank.

   _____

3. Her husband is a lawyer and plays tennis.

   _____

4. My mother is an independent woman, practical and well-educated.

   _____

◆ INCONTRI

5.3 *After reading **Incontri**, answer the questions about the dialogues in Italian.*

1. Dove sono Giulia ed Elena?

   _____

2. Perchè Giulia è un po' stanca?

   _____

3. Che cosa ha veduto dopo cena Giulia?

   _____

4. Perchè Elena ha passato una giornata stressante?

   _____

5. Perchè Valentina dice che Alessandra lavora troppo?

   _____

6. Che cosa cerca Valentina?

   _____

7. Che cosa non desidera fare Valentina?

   _____

8. Chi *(whom)* vede quella sera Valentina?

   _____

5.4 Una conversazione con Camilla. *After studying the **Incontri** dialogues and the grammar introduced in the lesson, write out a dialogue between you and your friend Camilla following the outline below. (Use a separate sheet of paper.)*

1. Exchange greetings.

2. You are tired; say why you are tired.

3. Camilla says she has had a busy day; say why she has had a busy day.

4. You tell Camilla that you have not found a job; indicate what kind of job you were looking for, and how you spent the time while jobless.

5. Camilla invites you out (indicate where); you accept.

5.5 Com'è la mamma? *Unscramble the letters to form adjectives that describe your mom!*

1. isaganlac _____

2. locat _____

3. icapamtena _____

4. nacidaim _____

5. netrevited _____

6. tentratae _____

5.6 *Form sentences using the given words. You may add others if you need to, such as prepositions and articles, and be sure to conjugate verbs appropriately.*

1. mamma; fare il bucato; amare; figli

   _____

2. cena; parenti; stanco(a); cucinare; essere; io

   _____

3. incontrare; Sergio Simoni; infermiere; noi; bar

   _____

4. capire; giocare a tennis; Francesca Mira; marito

   _____

5. uomo; televisione; tempo; moderno; guardare; passare; Giorgio

   _____

◆ PASSATO PROSSIMO CON L'AUSILIARE *AVERE*
PRESENT PERFECT WITH THE AUXILIARY *TO HAVE* (I)

5.7 *Give the past participle of the verbs.*

1. lavare _____
2. preparare _____
3. stirare _____
4. aiutare _____
5. lavorare _____
6. capire _____
7. dormire _____
8. pulire _____

9. avere _____
10. ricevere _____
11. dimenticare _____
12. ripetere _____
13. sentire _____
14. vedere _____
15. spedire _____

5.8 *Rewrite the sentences changing the present tense of each verb to the corresponding form of the passato prossimo.*

1. Salvatore Caruso cena al ristorante con sua moglie sabato sera.

   _____

2. "Signora Casatiello, pulisce la sua casa oggi?"

   _____

3. Sebastiano ed io vediamo Giovanni Santini al bar con Paolo.

   _____

4. "Giustino e Adua, ripetete il vostro numero di telefono a Ennio?"

   _____

5. Finiscono i compiti e guardano la telenovela.

   _____

6. L'ufficio di mio padre cerca una donna dinamica.

   _____

7. Io non capisco il nuovo film di Arnold Schwarzenegger.

   _____

8. Antonio qualche volta cucina i fagiolini per la sua vecchia zia.

   _____

9. L'avvocato Ciaramello e sua moglie ricevono una lettera da Como.

   _____

10. Martino, il marito di Marta, mangia i maritozzi.

   _____

11. Tu porti le bibite al dirigente.

   _____

12. "Ragazzi, perchè non sentite il medico?"

   _____

13. Isotta ed io vediamo una bella felpa nella vetrina.

   _____

14. Io non servo la verdura all'Ingegner Ricciotti.

   _____

15. Il commesso mostra i pantaloncini e le scarpe a Ernesta.

   _____

◆ PASSATO PROSSIMO CON L'AUSILIARE *ESSERE*
PRESENT PERFECT WITH THE AUXILIARY *TO BE* (II)

5.9 **What did these people do?** *(Che cosa hanno fatto?)* *Change the sentences to the passato prossimo. Be sure to distinguish verbs that are conjugated with* **essere** *and those conjugated with* **avere***.*

1. Tu parti alle nove in punto, arrivi a Como a mezzogiorno e mezzo, resti tutto il giorno a fare la spesa e ritorni a casa la sera tardi.

   _____

   _____

2. Il signor Meroni entra nella macelleria alle otto, pulisce il negozio, prepara la carne e aspetta i clienti.

   _____

   _____

3. Noi usciamo il sabato sera, andiamo alla discoteca alle undici, ordiniamo una bibita, balliamo fino alle quattro e poi dormiamo bene.

_____

_____

5.10 What did you do yesterday? *Using the **passato prossimo**, write ten things that you did. Be sure to include the time!*

1. _____
2. _____
3. _____
4. _____
5. _____
6. _____
7. _____
8. _____
9. _____
10. _____

◆ **PARTICIPI PASSATI IRREGOLARI**
  IRREGULAR PAST PARTICIPLES (III)

5.11 *Express the sentences in Italian.*

1. Mr. Savarani was born in Lecco.

_____

2. My sister read a book.

_____

3. What did you (*sing. fam.*) do?

_____

4. Their cousins have not been to the birthday party.

_____

5. "Mrs. Rinaldi, why didn't you come to the gym?"

_____

6. We lost the receipt.

_____

7. I wrote to my brother.

_____

8. "Gino and Enrico, did you get the pastry?"

_____

Espansione grammaticale

◆ **VERBI CON *AVERE* O *ESSERE* NEL *PASSATO PROSSIMO***
VERBS WITH *AVERE* OR *ESSERE* IN THE *PASSATO PROSSIMO*

5.12 *Your mother insists that you do certain things. Using the **passato prossimo**, respond by saying that you already did what she is asking you.*

MODELLO   "Perchè non corri al negozio?"
            "Perchè sono già corso al negozio."

1. "Perchè non cominci a mangiare le cipolle?"

_____

2. "Perchè non scendi dalla macchina?"

_____

3. "Perchè non sali le scale?"

_____

4. "Perchè non passi le vacanze a Sirmione?"

_____

5. "Perchè non salti dall'autobus?"

_____

5.13 *Express the sentences in Italian.*

1. The movie began at noon.

_____

2. My brother has changed: now he is very tall.

_____

3. The lesson ended on time.

_____

4. The strawberries are finished.

_____

5. I have begun to eat ham.

_____

6. The salesperson changed the jacket.

_____

5.14 Cosa hanno fatto? *Using the passato prossimo, write a sentence to describe what the people in the pictures have done. Use other words that you know to give other details that the pictures suggest.*

1.  _____

_____

_____

_____

2.  _____

_____

_____

_____

3.

_____

_____

_____

_____

4.

_____

_____

_____

_____

5.

_____

_____

_____

_____

6.

_____

_____

_____

_____

Scriviamo un po'!

Il fine-settimana (*weekend*) scorso

A. *Imagine that last weekend you babysat for your ten-year-old twin cousins Claudio and Claudia. On a separate sheet of paper, jot down the twins' activities: what each child did by himself/herself and what they did together. Also list what the three of you did as a group.*

B. *Using your notes as a guide, write a brief paragraph describing the weekend. Include words and expressions you have learned in this chapter (see textbook, page 129).*

Il fine-settimana scorso
_____

_____

_____

_____

_____

_____

_____

_____

_____

_____

_____

_____

_____

C. *Review what you have written, paying special attention to the forms of the **passato prossimo**, to the agreement of past participles, and to the use of irregular past participles. Revise your text if necessary.*

Capitolo 6

Le vacanze

PER COMINCIARE

6.1 **Dove e come passano le vacanze?** *According to the pictures, indicate where the people below are spending their vacation, how they are getting there, and an activity they will engage in while they are there. For each activity, choose the corresponding expression from the following list.*

affittare una casa   dormire in un sacco a pelo   noleggiare una macchina

prendere il sole   stare (*to stay*) in una pensione   usare (*to use*) una cartina

MODELLO   Eva

Eva passa le vacanze alle terme. Va in autobus. Noleggia una
macchina.

1. Lidia

_____

_____

2. Silvio

_____

_____

3. Martina

_____

_____

4. Fabio

_____

_____

5. Ugo

_____

_____

6.2 **La tua vacanza.** *Answer the questions in Italian. (Be sure to use a verb.)*

1. Quando sei stato(a) in vacanza l'ultima volta?

   _____

2. Con chi sei andato(a)?

   _____

3. Dove sei stato(a)?

   _____

4. Come hai viaggiato?

   _____

5. Cosa hai portato nella tua valigia?

   _____

6. Dove hai dormito?

   _____

7. Dove hai mangiato?

   _____

8. Cosa hai fatto?

   _____

9. Chi ha pagato?

   _____

10. Cosa hai comprato?

    _____

11. Dove ti piace passare una vacanza ideale?

    _____

12. Come preferisci viaggiare?

    _____

6.3 **Dove ti piace andare in vacanza?** *Complete the text with the correct words.*

Mi _____ andare _____ vacanza _____ estate a Stintino. Preferisco

viaggiare _____ aereo o, quando paga mio padre, è bello _____ una macchina.

Qualche _____ , invece _____ stare _____ albergo, preferisco _____

una casa; io non dormo mai in un sacco _____ _____ ! Quando viaggio non

porto molti vestiti, così _____ bisogno _____ solo una _____ . Quando

sono al mare, preferisco prendere il _____ . Peccato che _____ è sempre

_____ mia vecchia zia!

INCONTRI

6.4 *After reading the **Incontri** dialogues, answer the questions in Italian.*

1. Perchè Antonio e Sandra sono in un'agenzia di viaggi?

   _____

2. Dove desidera andare Sandra? Perchè?

   _____

3. Perchè Sandra non desidera andare all'estero?

   _____

4. Perchè Sandra non desidera andare ad Ischia?

   _____

5. Perchè Sandra e Antonio decidono di andare sulla Costa Paradiso?

   _____

6. Cosa hanno Sandra e Antonio per tre milioni?

   _____

7. Perchè Sandra e Antonio ritornano all'agenzia giovedì?

   _____

6.5 *Give the Italian equivalent of the sentences.*

1. I like to travel by car or by train.

   _____

2. We spend our vacation at the sea.

   _____

3. Where did you buy your suitcase?

   _____

4. Are you looking for your passport?

   _____

5. Mr. Cossu has taken a lot of trips abroad.

   _____

6. Iosto got his tickets for the beach.

   _____

6.6 *Compose sentences about your vacations using the words below. Add articles and prepositions.*

1. fare un viaggio/preferire/i miei genitori/estero

   _____

   _____

   _____

2. spiaggia/tramonto/fare passeggiate/amare/uomo

   _____

   _____

   _____

3. donna/ barca/mare/lontano/noleggiare/andare/ieri

   _____

   _____

   _____

4. biglietto/prenotare/albergo/aereo/bagno/letto

   _____

   _____

   _____

6.7 **Cosa vedi?** *Write a sentence to describe what you see in each picture. How did Mr. and Mrs. Barelli spend their vacation? Where did they go? Use the **passato prossimo** in your sentences.*

1.

   _____
   _____
   _____
   _____

2.

   _____
   _____
   _____
   _____

3.

   _____
   _____
   _____
   _____

4.

   _____
   _____
   _____
   _____

5.

   _____
   _____
   _____
   _____

6.

_____

_____

_____

_____

 ## AGGETTIVI DIMOSTRATIVI: QUESTO / QUELLO
DEMONSTRATIVE ADJECTIVES: *THIS / THAT* (I)

6.8 **Shopping.** *The **commesso** offers this one (these), but you want that one (those). Answer each question negatively using a form of **quello**.*

   MODELLO   Desidera questa valigia? _____ *No, desidero quella valigia.* _____

1. Desidera questa cartina? _____

2. Desidera questa bicicletta? _____

3. Desidera questi fiori? _____

4. Desidera questo zaino? _____

5. Desidera queste scarpe? _____

6. Desidera quest'abbigliamento? _____

7. Desidera quest'uva? _____

8. Desidera questi broccoli? _____

9. Desidera questi gnocchi? _____

10. Desidera questi assegni turistici? _____

6.9 **Which one do you like?** *Complete the sentences using a pronoun form of **quello**.*

1. Non mi piace quella tenda; mi piace _____ .

2. Non mi piace quel lago; mi piace _____ .

3. Non mi piace quell'isola; mi piace _____ .

4. Non mi piacciono quei pantaloni; mi piacciono _____ .

5. Non mi piacciono quegli spinaci; mi piacciono _____ .

6. Non mi piace quel formaggio; mi piace _____ .

7. Non mi piacciono quegli attori; mi piacciono _____ .

8. Non mi piace quell'azienda; mi piace _____ .

9. Non mi piace quello zaino; mi piace _____ .

10. Non mi piacciono quei pomodori; mi piacciono _____ .

◆ GLI AGGETTIVI *BUONO* E *BELLO*
THE ADJECTIVES *GOOD* AND *BEAUTIFUL* / *HANDSOME* (II)

6.10 **Cosa compra?** *Answer the* **commessa,** *praising the merchandise (nice!) using the correct form of* **bello.** *Make any necessary changes in* **quello.**

MODELLO   Compra quegli spinaci? _____ *Sì, compro quei begli spinaci.* _____

1. Compra quel vino bianco? _____

2. Compra quei salumi? _____

3. Compra quelle cipolle? _____

4. Compra quegli spaghetti? _____

5. Compra quelle fragole? _____

6. Compra quell'arancia? _____

7. Compra quello zucchino? _____

8. Compra quell'aereo? _____

6.11 *Change everything possible in the sentences to the plural.*

1. Conosco un buon albergo italiano.

_____

2. Ha lavorato in una buona cucina.

_____

3. Mio zio preferisce un buono stipendio.

_____

4. È un campeggio molto buono.

   _____

5. È stata una buon'estate.

   _____

6. Ha cercato una buona pensione elegante.

   _____

◆ **VERBI IRREGOLARI:** *STARE, FARE, DARE, ANDARE*

IRREGULAR VERBS: *TO STAY/TO BE, TO DO/TO MAKE, TO GIVE, TO GO* **(III)**

6.12 *Complete each sentence with a conjugated form of **stare**, **fare**, **dare**, or **andare** as appropriate in the context.*

1. Quando la mia vecchia zia Cosima pulisce la sua casa, mi piace aiutare e

   _____ una mano.

2. La mattina ascolto la radio per sapere che tempo _____.

3. In marzo, l'inverno _____ per finire.

4. "Oscar, quale sport _____?"

5. Agnese ha studiato molto perchè domani _____ un esame.

6. Quando non capisci il professore, _____ una domanda.

7. Gli italiani, quando incontrano gli amici per la strada, _____ sempre

   la mano.

8. La mattina voi _____ colazione alle sette e mezzo.

9. Piersilvio _____ in ospedale perchè _____ male.

10. Oggi noi _____ a vedere un film.

6.13 *Give the Italian equivalent of the sentences.*

1. Mimmo is never quiet.

   _____

2. Did you take the test?

_____

3. How is the weather today?

_____

4. "Doctor Pini, did you have breakfast?"

_____

5. Let's take a walk!

_____

6. I don't feel well.

_____

6.14 **Cosa hanno fatto?** *Rewrite the sentences and change the verb from the present tense to the* **passato prossimo**.

1. Oliver cade dall'albero. _____

2. Luciana fa le compere al mercato. _____

3. Va alla banca di pomeriggio. _____

4. Do un regalo a mio cugino per il suo compleanno. _____

5. Fai la fila per comprare le scarpe nuove. _____

6. L'Ingegner Pinna costruisce un grande albergo. _____

7. Io non corro cinque chilometri. _____

8. Il viaggio comincia martedì. _____

9. Vado a prendere i biglietti all'agenzia turistica. _____

10. Fa il bagno la sera. _____

11. Spedisco l'opuscolo sulla Sardegna a Igor. _____

12. Arriviamo all'isola della Maddalena la mattina. _____

I PRONOMI POSSESSIVI
POSSESSIVE PRONOUNS (IV)

6.15 *Complete each sentence with the correct possessive pronoun according to the context.*

1. Io ho mangiato le mie sardine e tu _____.

2. La signora Pusceddu cucina i suoi carciofi e noi _____.

3. Tu hai preso il tuo scontrino ed io _____.

4. Gavino lava la sua giacca e tu _____.

5. Graziano e Palmiro fanno le loro fotografie e Enrico

   _____.

6. Voi provate i vostri formaggi ed io _____.

7. Il signor Mannu preferisce i suoi salumi e tu _____.

8. Fabio ed io abbiamo finito i nostri compiti e Checco e Mirella

   _____.

Espansione grammaticale

FARE + INFINITO
FARE + THE INFINITIVE

6.16 *Give the Italian equivalent of the sentences.*

1. You (*sing. fam.*) make Ottavio wash the car.

   _____

2. I had the fish cleaned.

   _____

3. Renato has his mother do the laundry.

   _____

4. He made Mr. Biffaroni go by train.

   _____

5. The doctor had Mrs. Pinna wait.

   _____

6. She makes the children go to the pool.

   _____

Scriviamo un po'!

Che belle vacanze!

A. *We all look forward to a pleasant vacation, but sometimes our plans go awry. Imagine that you are vacationing in a new spot and that everything has turned out badly. You have decided to write to your best friend and describe this disaster. On a separate sheet of paper, jot down notes about what you will tell your friend. For example (you can be humorous): the hotel is small and has no swimming pool, your bed is uncomfortable (**scomodo**), you haven't played sports or taken walks because the weather is bad, you are far from town, your camera isn't working (**non funzionare**) so you haven't taken any pictures, you rented a car but it broke down (**essere in panne**), you met a handsome man/beautiful woman but he/she is married, you feel ill, you can't wait to leave . . .*

B. *Using your notes as a guide, describe your plight in a short letter.*

Cara/a _____

_____

_____

_____

_____

_____

_____

_____

_____

_____

_____

Il tuo amico/la tua amica, _____

C. *Review what you have written, paying special attention to the idiomatic expressions you have used and to the verb forms (present tense or **passato prossimo**). Revise your text if necessary.*

Capitolo 7

Il tempo libero: i passatempi e lo sport

PER COMINCIARE

7.1 Cosa fanno? *Indicate what the people below are doing.*

MODELLO **Nino**   *Nino fa la corsa.*

1. **Sofia** _____

2. **Piero** _____

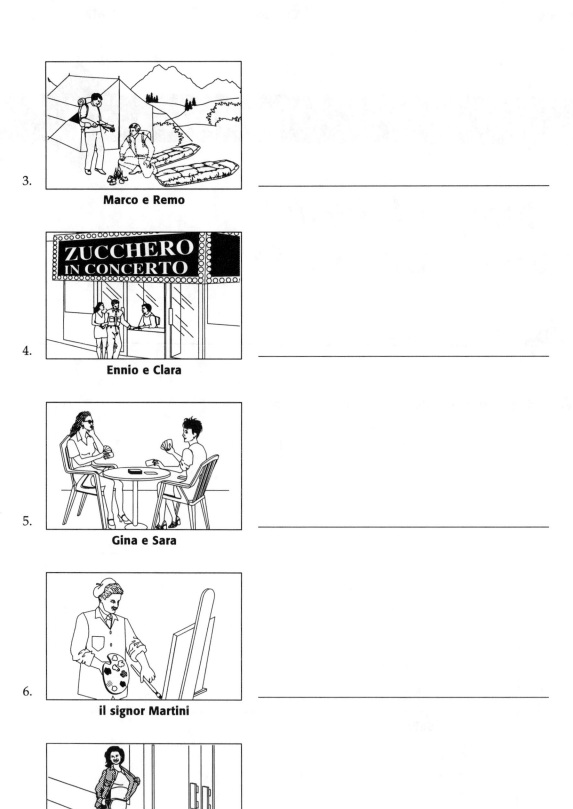

3. _____
Marco e Remo

4. _____
Ennio e Clara

5. _____
Gina e Sara

6. _____
il signor Martini

7. _____
Elisabetta

8. _____

Franca e Guido

◆ I PASSATEMPI
Pastimes

7.2 *Describe the following pictures.*

1.

_____
_____
_____
_____

2.

_____
_____
_____
_____

3.

_____
_____
_____
_____

4.

_____
_____
_____
_____

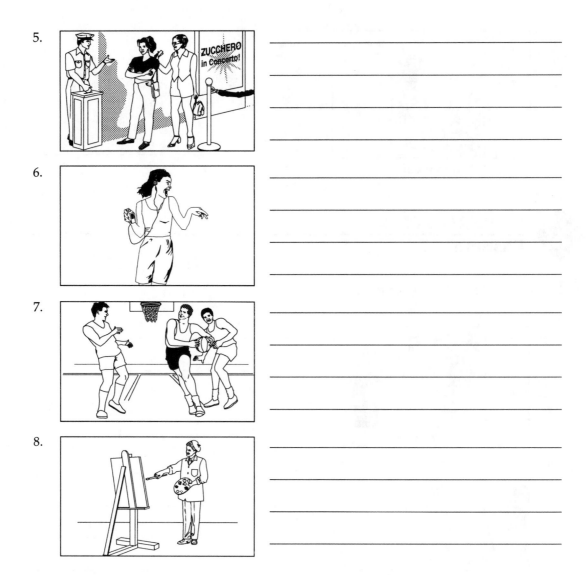

5. _____

6. _____

7. _____

8. _____

7.3 **Come passi il tempo?** *Answer the following questions (about your activities) in Italian on a separate sheet of paper.*

1. Dopo le lezioni e quando non studi, come passi il tempo durante la settimana?

2. Cosa fai il venerdì e il sabato sera?

3. Come passi il sabato e la domenica quando fa bel tempo?

4. Come passi il sabato e la domenica quando il tempo è cattivo?

5. Cosa fai in estate durante la giornata? E la sera?

6. Come passi il tempo quando torni a casa tua?

7. Qual è il tuo passatempo preferito?

8. Che cosa non desideri fare mai?

INCONTRI

7.4 *Answer the questions in Italian after reading the* **Incontri** *section.*

1. Che cosa fa il giornalista?

   _____

2. Cosa fa lei in una tipica giornata?

   _____

3. Lui cosa fa?

   _____

4. Perchè lui non desidera uscire di sera?

   _____

5. Perchè non litigano?

   _____

PRESENTE DEI VERBI RIFLESSIVI
PRESENT TENSE OF REFLEXIVE VERBS (I)

7.5 *Give the present tense form of the verb in parentheses.*

1. Io (chiamarsi) _____ Gesualdo.

2. Silvestra (laurearsi) _____ all'Università di Roma.

3. Mia moglie ed io (svegliarsi) _____ alle sette.

4. Dopo la cena, voi (riposarsi) _____ per un'ora.

5. Nel film, Stallone (arrabbiarsi) _____ con
   Schwarzenegger.

6. "Marcella, a che ora (addormentarsi) _____?"

7. È vero che Sauro e Annibale (annoiarsi) _____ alla
   conferenza del professor Pizzichini?

8. Io (divertirsi) _____ al Big Club e al Hollywood Club
   con gli amici.

7.6 *Express the sentences in Italian.*

1. Laura has a good time with her friends.

   _____

2. I wash the bathroom.

   _____

3. Her name is Elvira.

   _____

4. My mother wakes up my brother at seven.

   _____

5. We get up early.

   _____

6. "Do you (*fam. sing.*) wash your face in the morning?"

   _____

7. Milena puts on her red dress.

   _____

8. Guido and Francesco are calling the hotel.

   _____

9. I get dressed and comb my hair.

   _____

10. "Doctor Morganti, how do you feel today?"

    _____

◆ PASSATO PROSSIMO DEI VERBI RIFLESSIVI E RECIPROCI
PRESENT PERFECT OF REFLEXIVE AND RECIPROCAL VERBS (III)

7.7 Cosa hai fatto stamattina? *Use six reflexive verbs to describe your morning routine.*

1. (svegliarsi) _____

2. (alzarsi) _____

3. (lavarsi la faccia) _____

4. (pettinarsi) _____

5. (vestirsi) _____

6. (mettersi le scarpe) _____

7.8   Marito e moglie. *Say what Mr. and Mrs. Testagrossa did after work on Friday night. Use six reflexive and reciprocal verbs.*

1. _____
2. _____
3. _____
4. _____
5. _____
6. _____

7.9   *Give the Italian equivalent of the sentences.*

1. Zoltan and Ludmilla had a good time at the Big Club.

_____

2. "Mr. Esposito, did you shave this morning?"

_____

3. My sister never fell asleep at midnight.

_____

4. We woke up at one o'clock.

_____

5. Liliana put on her shirt.

_____

6. Enzo and Fabio always wrote each other in the summer.

_____

7.10   *Complete the sentences with a reciprocal verb (and pronoun).*

1. Nel film, l'attore bacia la ragazza e la ragazza bacia l'attore: i due

_____ con passione.

2. Tu hai aiutato tua moglie in cucina e lei ha aiutato quando tu hai lavato la macchina.

   Voi _____ .

3. Io ho salutato Aldo e lui ha detto "Ciao": Aldo ed io _____ .

4. Cesare ha scritto ai nonni ogni settimana e loro hanno scritto a Cesare ogni giorno:

   Cesare e i suoi nonni _____ .

◆ VERBI SERVILI IRREGOLARI: *DOVERE, POTERE, VOLERE*
IRREGULAR MODAL VERBS: *TO HAVE TO, TO BE ABLE, TO WANT* (IV)

7.11 Devono fare colazione? *Ask the following people if they have to have breakfast (**dovere fare colazione**).*

   1. (Dottor Santini) _____

   2. (bambini) _____

   3. (mamma) _____

   4. (noi) _____

   5. (signora e signor Sicignano) _____

7.12 Un invito. *Zia Fernanda tells people that they <u>must come</u> for dinner on Sunday. How would she ask politely, using **potere**, if they <u>can come</u> for dinner?*

   1. Ercole, devi venire domenica. _____

   2. Isidoro e Heinz, dovete venire domenica. _____

   3. Signori Calamari, devono venire domenica. _____

   4. Dottor Ztagovniaczk, deve venire domenica. _____

   5. Noi dobbiamo venire domenica. _____

7.13 Che cosa vogliono? *Rewrite the sentences using **volere** instead of **desiderare**.*

   1. Desidero l'opuscolo. _____

   2. Desideriamo il sacco a pelo. _____

   3. Desiderate la cartina. _____

   4. Desidera la piscina. _____

5. Desiderano fare lezione di karatè. _____

6. Desideri alzarti presto. _____

7.14 *Give the Italian equivalent of the sentences.*

1. I have to graduate in January.

   _____

2. "Irene, can you take a walk now?"

   _____

3. We are not able to make reservations for our stay.

   _____

4. "Mrs. Stompanato, you may have your baggage."

   _____

5. You (*sing. fam.*) must give your ticket to Riccardo.

   _____

6. I want to write a song.

   _____

Espansione grammaticale

◆ ## ALTRI VERBI REFLESSIVI E RECIPROCI
OTHER REFLEXIVE AND RECIPROCAL VERBS

7.15 *Complete the suggested meaning of the sentence with a reflexive or reciprocal verb. (Don't forget the pronoun!)*

1. Quando la lezione è alle otto e usciamo tardi, per arrivare in tempo noi _____ .

2. Quando Davide gioca a pallone e corre per sei ore, lui _____ .

3. Quando non conosco una persona, io saluto e _____ .

4. Quando fate lo sci di fondo andate piano perchè se cadete _____ alla gamba.

5. Quando i miei genitori viaggiano e non capiscono dove _____ la pensione, guardano la cartina.

Scriviamo un po'!

Una visita a Torino

A. *Imagine that you are spending ten days in Torino. After a week, you write a postcard to your family describing your activities: your daily routine (use the present tense), what you have seen and done (use the **passato prossimo**), and what you have to do, can (or can't) do, or want to do in the next few days (use **dovere, potere, volere**). Before you write, use a separate sheet of paper and jot down the verbs and expressions you will need to describe your stay: **svegliarsi, alzarsi, vestirsi...; divertirsi, incontrarsi, riposarsi...; andare a cavallo, fare due passi, giocare a pallavolo...***

B. *Using your notes as a guide, write your postcard.*

Carissimi,

_____

_____

_____

_____

_____

_____

_____

_____

_____

_____

_____

_____

Saluti affettuosi,

_____

C. *Review what you have written, paying special attention to the present and **passato prossimo** forms of the reflexive and/or reciprocal verbs you have used. Revise your text if necessary.*

◆ ◆ ◆ ◆

Capitolo 8

Il Carnevale

PER COMINCIARE

8.1 **Chi è?** *Match the adjectives with the **commedia dell'arte** characters. Write each word under the corresponding person, using the masculine or feminine form as appropriate.*

avaro	innamorato	sfortunato
buffo	pigro	simpatico
estroverso	popolare	vecchio
fedele	povero	vivace
grazioso	ricco	

Arlecchino   **Pulcinella**   **Pantalone**   **Colombina**

_____ _____ _____ _____

_____ _____ _____ _____

_____ _____ _____ _____

_____ _____ _____ _____

8.2 **Il Carnevale di Viareggio.** *Imagine that you went to the Carnival at Viareggio. Write a sentence in the **passato prossimo** to describe each picture: What did you do? What did you see?*

1.

2.

3.

4.

5.

6.

_____

_____

_____

_____

7.

_____

_____

_____

_____

PREPOSIZIONI SEMPLICI E ARTICOLATE
SIMPLE AND COMPOUND PREPOSITIONS (I)

8.3 **Il Carnevale di Venezia.** *Complete each sentence with the correct simple preposition.*

1. Fabio e Fabrizio arrivano (in) _____ Venezia (by) _____ treno.

2. Dormono (at) _____ casa (with) _____ i loro amici.

3. Ci sono molti turisti (on) _____ quella gondola.

4. Giannina viene (from) _____ Murano.

5. Andiamo (to) _____ Mestre oggi?

6. Questa maschera è (for) _____ mia nonna.

7. La cartina (of) _____ Viareggio è (among) _____ gli opuscoli.

8. I nostri parenti veneziani hanno parlato molto (about) _____ Casanova.

9. Abbiamo comprato un chilo (of) _____ carne.

10. Il costume è (under) _____ il tavolo.

8.4 **Dov'è il portafoglio?** *Your forgetful zio Alberto is always misplacing his wallet. Say where it is, using compound prepositions where appropriate.*

1. _____
   _____
   _____
   _____

2. _____
   _____
   _____
   _____

3. _____
   _____
   _____
   _____

4. _____
   _____
   _____
   _____

5. _____
   _____
   _____
   _____

6.

_____

_____

_____

_____

◆ ## USI SPECIALI DELLE PREPOSIZIONI *A, DA, IN* E *PER*
SPECIAL USES OF THE PREPOSITIONS *A, DA, IN,* AND *PER* (II)

8.5 *Give the Italian equivalent of the sentences, paying special attention to the use and meaning of the preposition. Use a combined preposition where appropriate.*

1. Filippo is going to Capri, in Italy.

_____

2. Darrell has been in the United States.

_____

3. I am staying at Vittorio's.

_____

4. We are going to the doctor's.

_____

5. "Claudio, do you want to travel by car?"

_____

6. I haven't eaten cheese for a year.

_____

7. You must call early in order to make reservations.

_____

8. They have been speaking Italian for two weeks.

_____

8.6 *A new student approaches you. Give the correct preposition, with or without the article, as the context requires, then answer his/her questions.*

1. Qual è il nome _____ professore/professoressa _____ italiano?

_____

2. C'è una conferenza _____ università oggi?

_____

3. Quanti studenti ci sono _____ classe?

_____

4. _____ quanto tempo studi l'italiano?

_____

5. Arrivi _____ scuola _____ automobile?

_____

6. C'è un ristorante italiano _____ centro _____ città?

_____

7. Devi andare _____ dottore oggi?

_____

8. Vuoi andare _____ Viareggio _____ vedere il Carnevale?

_____

◆ ## IL PARTITIVO
THE PARTITIVE (III)

8.7 *You are hosting a dinner in Venice. Offer your guests certain things using the verb* **volere** *and a form of the partitive* **di** *+ article. Be sure to use the correct form of address.*

MODELLO   Signor Colucci: caffè _____ *Vuole del caffè?* _____

1. Giustino: torta _____

2. nonna: vino _____

3. Signora Fontana: carote _____

4. Professor Vinazzani: zucchini _____

5. mamma: fagiolini _____

6. Signor Valmontone e signora Ripamonti: broccoli _____

7. ragazzi: melone _____

8. Professor Campana e dottor Sacerdoti: arance _____

8.8 *Complete each sentence with a form of one of these partitives:* **qualche, un po' di, alcuni(e)**. *More than one might be correct.*

1. Offro _____ bibita a Ottavio.

2. Non posso mangiare tutto: prendo solo _____ spaghetti.

3. L'avvocato ha comprato _____ oggetto di vetro per la moglie.

4. La zia ha portato _____ valige per il nonno.

5. Nella libreria ci sono _____ nuove commesse.

6. Filippo vuole _____ uva per fare il vino.

7. Abbiamo portato _____ pane a sua sorella.

8. Paolino ha fatto _____ domanda al professore.

8.9 *Give the Italian equivalent of the sentences paying special attention to the use of the partitive.*

1. We don't want any sugar in our coffee.

   _____

2. Do you want some fish?

   _____

3. Emilio bought a few masks in Venice.

   _____

4. Chuck Morris and Victor Laszlo want some ham.

   _____

5. I gave a little sugar to my brother.

   _____

6. Let's bring a few shirts to Italy.

   _____

◆ VERBI IRREGOLARI: *DIRE, USCIRE, VENIRE*
IRREGULAR VERBS: *TO SAY, TO GO OUT, TO COME* (IV)

8.10 *What are these people doing in Venice? Complete the sentences with the correct present perfect form of the verb in parentheses.*

1. Maria e Vanessa (uscire) _____ per andare alla banca.

2. "Dottor Canzian, (venire) _____ per salutare i miei genitori?"

3. Ottavio (dire) _____ che quei pizzi non sono brutti.

4. Io non (uscire) _____ in gondola al tramonto.

5. Patrizia ed io (venire) _____ con il sacco a pelo.

6. Voi (dire) _____ che il bagno è piccolo.

7. "Mamma, (fare) _____ colazione?"

8. Io (prendere) _____ qualche ceramica e due maschere.

9. I signori Cantalupo (essere) _____ al negozio di statuette.

10. Perchè tu non (scrivere) _____ delle cartoline?

Espansione grammaticale

◆ **VERBI SEGUITI DALL'INFINITO O DA UNA PREPOSIZIONE + INFINITO**
VERBS FOLLOWED BY THE INFINITIVE OR BY A PREPOSITION + INFINITIVE (I)

8.11 *Answer the questions using an infinitive.*

MODELLO Cosa decidi? _____ *Decido di fare un viaggio.* _____

1. Cosa preferisci fare?

   _____

2. Come aiuti la mamma?

   _____

3. Cosa imparano gli studenti?

   _____

4. Che cosa finisce il professore?

   _____

5. Cosa non desiderano gli studenti?

   _____

6. Che cosa pensa Osvaldo?

   _____

7. Cosa decide il babbo?

_____

8. Cosa vuoi cominciare?

_____

9. Cosa vanno a fare i tuoi amici?

_____

10. Cosa può fare Giuliana a Venezia?

_____

◆ **USI SPECIALI DELLE PREPOSIZIONI *ALLA, DA, DI, FRA* E *PER***
SPECIAL USES OF THE PREPOSITIONS *ALLA, DA, DI, FRA,* AND *PER* (II)

8.12 *Give the Italian equivalent, paying special attention to use and meaning of the prepositions.*

1. At the restaurant, Uncle Roberto had a Venetian-style dish.

_____

2. My mother bought a man's bicycle and some tennis shoes for Ermanno.

_____

3. For Carnival, you dress as a nurse.

_____

4. We have a cotton mountain tent.

_____

5. "Poldo, you must not leave the house!"

_____

6. I can finish the book in an hour (from now).

_____

Scriviamo un po'!

Una festa di Carnevale

A. *You are thinking about organizing a Mardi Gras party, but you need a friend's help to carry it out. You decide to write to your friend, describing your plans. On a separate sheet of paper, jot down some questions and answer them: who's coming? what date? what time? what costumes? what decorations? what foods and drinks? what music? what entertainment? . . . If necessary, look back through the chapter in the textbook for inspiration.*

B. *Using your notes as a guide, describe your plans to your friend and ask for his/her help.*

Caro/a _____

_____

_____

_____

_____

_____

_____

_____

_____

_____

_____

_____

_____

Un caro saluto, _____

C. *Review what you have written, paying special attention to the partitive structures and to the prepositions (both simple and compound) you have used. Revise your text if necessary.*

◆ ◆ ◆ ◆

Capitolo 9

Le feste italiane

PER COMINCIARE

9.1 **Qual è la festa?** *Indicate the holiday associated with each picture. Write the letter* **C** *(Capodanno),* **E** *(Epifania),* **N** *(Natale), or* **P** *(Pasqua) next to the item, then write the word or phrase pictured.*

MODELLO   _N_   ___l'albero di Natale___

1. _____ _____

2. _____ _____

3. _____ _____

4. _____ _____

5. _____ _____

6. _____ _____

7. _____ _____

8. _____ _____

PAROLE E ESPRESSIONI UTILI

9.2 **Le feste in Italia.** *Complete each sentence with the missing element.*

1. Vuoi vedere com'è bello il nostro albero di Natale? Ora io _____ le luci!

2. Quando _____ un brindisi, diciamo "Alla _____!"

3. Una delle _____ di Natale è di _____ un regalo.

4. La sera prima di Natale si chiama la _____ e gli italiani preparano una

   cena speciale. Quando si siedono per mangiare, dicono "_____!"

5. Quando è il compleanno del babbo, io faccio sempre gli _____.

6. In Italia, la _____ porta i _____ ai bambini buoni.

7. In Italia, a Pasqua i bambini ricevono un _____ di cioccolato.

8. Itala ed io _____ scambiamo i regali a Natale.

INCONTRI

9.3 *After reading **Incontri**, answer the questions.*

1. Di che cosa parlano Graziella e Cristina?

   _____

2. Si vedono ogni settimana Graziella e Cristina?

   _____

3. Dove passano il Natale Cristina e Marco?

   _____

4. Chi viene a stare con Cristina e Marco?

   _____

5. Cosa vuole fare Cristina per il veglione di Capodanno?

   _____

6. Come si chiama il marito di Graziella?

_____

7. Cosa pensa di fare per il Natale Graziella?

_____

8. Dove vanno Graziella e suo marito per Capodanno?

_____

9. Cosa vuole da Graziella Cristina?

_____

10. Dove va Cristina quel pomeriggio?

_____

◆ **PRONOMI DIRETTI**
DIRECT OBJECT PRONOUNS (I)

9.4 Cosa vuoi? *You are a guest of Signora Cipollone and her family for Christmas dinner. She asks if you want certain foods; you answer either positively or negatively, using a pronoun instead of the noun.*

1. Vuoi i maccheroni? _____

2. Vuoi la carne? _____

3. Vuoi il pesce? _____

4. Vuoi le cipolle? _____

5. Vuoi le fragole? _____

6. Vuoi la torta di mele? _____

7. Vuoi i broccoli? _____

8. Vuoi il prosciutto? _____

9.5 La signora Ghislanzoni domanda. *Take the part of the person(s) she addresses, and answer her questions using a pronoun.*

MODELLO   "Silvana, mi capisci?" _____ *"Sì, La capisco."*

1. "Daniele, mi ascolti?"

_____

2. "Vittorio, mi segui?"

   _____

3. "Ciro, compri i fiori?"

   _____

4. "Emilia, aspetti l'autobus?"

   _____

5. "Fausto e Pamela, cercate la scuola?"

   _____

6. "Signor Coricella e signora Pandolfi, aprono i regali?"

   _____

9.6 *Complete the sentences with a direct object pronoun that makes sense in the context, paying attention to the person(s) addressed.*

1. "Professor Sardella, io non _____ capisco, _____ scusi!"

2. "Mamma, _____ aspetto al negozio."

3. "Signor Rinaldi e signora Scialoia, _____ voglio seguire in salotto."

4. "Alfredo e Pierpaolo, perchè non _____ trovo in chiesa la domenica?"

5. "Ragazze, la commessa non vuole fare lo sconto perchè non _____ conosce."

6. "Signorina Pisanelli, mio zio _____ vede ogni giorno in centro."

ACCORDO DEL PARTICIPIO PASSATO CON IL PRONOME DIRETTO CHE PRECEDE

AGREEMENT OF THE PAST PARTICIPLE WITH A PRECEDING DIRECT OBJECT (II)

9.7 Cosa portì? *You volunteered to bring some things to Vito's New Year's Eve party in Potenza. Upon your arrival he verifies that you have fulfilled your responsibility. Using a direct object pronoun, answer his questions either affirmatively or negatively, paying attention to the agreement with the past participle.*

1. Hai portato il panettone? _____

2. Hai portato le paste? _____

3. Hai portato i vini americani? _____

4. Hai portato la mozzarella? _____

5. Hai portato gli zucchini fritti? _____

6. Hai portato il melone? _____

7. Hai portato le pere? _____

8. Hai portato la torta? _____

9.8 La vacanza di Pasqua.
Enzo, your host during your Easter vacation in Cosenza, asks how you spent your day. Answer either affirmatively or negatively with a direct object pronoun and making the past participle agree.

1. Hai visitato le chiese?

   _____

2. Hai noleggiato una macchina?

   _____

3. Hai comprato la guida della città?

   _____

4. Hai fatto le compere?

   _____

5. Hai guardato la televisione?

   _____

6. Hai spedito il regalo a tuo fratello?

   _____

7. Hai visto gli amici?

   _____

8. Hai letto i giornali italiani?

   _____

9.9 *Give the Italian equivalent of the sentences.*

1. "Mr. Boiardi, I saw you downtown."

   _____

2. "Anastasia, did you help your mother?" "Yes, I helped her in the afternoon."

   _____

3. "Where are the presents?" "Flavio brought them."

   _____

4. "Did the children look for the book?" "Yes, but they haven't found it."

   _____

5. I didn't return with my sister because I didn't wait for her.

   _____

6. We cooked the spaghetti and ate them.

   _____

◆ ## CONOSCERE E SAPERE
CONOSCERE AND SAPERE, TO KNOW (III)

9.10 *Signora Pellegrini, at her New Year's **veglione**, makes the introductions. Use a form of the verb **conoscere**.*

1. "Paola, _____ il Dottor Bisaccia?"

2. "Signor Ragusa, _____ la signorina Zancanaro?"

3. "Bambine, _____ il piccolo Ottaviano Bianchi-Lollini?"

4. "Signora Ricci e signor Perna, _____ Vito Vitanza?"

5. "Ingegner Spagnoli, _____ l'Avvocato Cinguettini?"

9.11 Cosa sanno fare? *Using a form of **sapere**, say what members of your family know how to do. You may list more than one skill for each person.*

MODELLO   tuo fratello: _____ *Mio fratello sa parlare tedesco.* _____

1. la tua mamma: _____

2. la tua zia preferita: _____

3. tuo nonno: _____

4. tuo padre: _____

5. tuo fratello o tua sorella: _____

9.12 *Complete the sentences using a form of either **sapere** or **conoscere** in the **presente** or **passato prossimo** as required by the context.*

1. I miei genitori non _____ bene i miei amici.

2. Io _____ giocare a tennis.

3. Maurizia _____ bene la città di Melicucco in Calabria.

4. È vero che ieri Procopio _____ Simona alla festa?

5. Angelo ha parlato del mare in Calabria, e così noi _____ che ci sono anche delle belle spiaggie in quella regione italiana.

6. "Signora Leonetti, _____ i film di Egon Turacciolo?"

7. Voi non _____ che la carne in Italia non è a buon mercato?

8. Tu _____ il numero delle scarpe dello zio Battista?

9.13 *Express the sentences in Italian.*

1. I didn't meet her, so I don't know her face.

   _____

2. Did you find out that her mother plays soccer?

   _____

3. I know a good Italian restaurant.

   _____

4. Carlo and Marilena know how to dress well.

   _____

5. Do you know a good song?

   _____

6. I heard that Guido and Rita had fun at the disco.

   _____

◆ **BERE**

TO DRINK (IV)

9.14 Cosa bevono? *Before your veglione di Capodanno you make plans for drinks with your friend Ludwig. Using bere, say what people drink. Suggestions: vino rosso, vino bianco, spumante, birra, caffè, acqua minerale, succo di frutta, latte.*

1. la nonna: _____

2. Giorgio ed io: _____

3. il Dottor Cusimano e la signora Malfi: _____

4. voi: _____

5. io: _____

6. tu, Ludwig: _____

Espansione grammaticale

◆ ALTRI USI DEI PRONOMI DIRETTI
OTHER USES OF DIRECT OBJECT PRONOUNS

9.15 *Give the Italian equivalent.*

1. I don't know (it).

   _____

2. I know him.

   _____

3. We met him.

   _____

4. They don't believe it.

   _____

5. They didn't say it.

   _____

6. Enrico, you must cut it out!

   _____

Scriviamo un po'!

Una festa americana

A. *In a recent letter, your Italian pen pal described Christmas in Italy. You write back describing the American Christmas holiday—or another holiday such as Hanukkah, Kwanzaa, New Year's, Epiphany, the Chinese New Year, Easter, Passover, Yom Kippur, Ramadan. Before you write, use a separate sheet of paper to outline your description. Consider these (and other) aspects of the holiday:*

- when it is celebrated
- the origins
- the customs and traditions

- whether gifts are exchanged
- the foods and drinks consumed or abstained from
- the expression(s) used to say "happy holiday"

Also record your feelings about the holiday and why it is special to you.

B. *Using your notes as a guide, describe the holiday to your pen pal. (SUGGESTION: You may begin by asking your correspondent what he/she already knows about the holiday.) To write succinctly, use direct object pronouns wherever appropriate.*

Caro / a

_____

_____

_____

_____

_____

_____

_____

_____

_____

_____

Con affetto,

_____

C. *Review what you have written, paying special attention to the direct object pronouns you have used (forms, position, agreement of the past participle). Revise your text if necessary.*

◆　◆　◆　◆

Capitolo **10**

Il cinema italiano

PER COMINCIARE _____

10.1 **Che tipo di film è?** *Indicate il genere cinematografico suggerito da ogni disegno.*

MODELLO _____ *È un film dell'orrore.* _____

1. _____

2. _____

3. _____

4. _____

5. _____

6. _____

7. _____

8. _____

◆ INCONTRI

10.2 *After reading the dialogue, write an exchange between love-struck Enzo and Silvia, the object of his love. Follow this plot: Enzo calls Silvia. She answers using the Italian telephone greeting. He identifies himself and asks how she is. Silvia explains she is tired (you provide the reason for her fatigue). Enzo wants to know if she is free to go out later in the week (you give the day). She replies she is busy (you invent why). He proposes another day. She says it is fine. He suggests the activity (you choose). She asks when and where they will meet. He replies. She agrees. The end: Enzo is happy. Use a separate sheet of paper. If you want Enzo to suffer, have Silvia decline his invitation.*

10.3 *Scrivi l'equivalente in Italiano.*

1. Olga, are you free tomorrow?

   _____

2. Do you feel like going to the dance?

   _____

3. I'm sorry, but I can't.

   _____

4. Too bad. Let's go for a short walk or let's chat.

   _____

◆ PRONOMI INDIRETTI
INDIRECT OBJECT PRONOUNS (I)

10.4 *Italo Ruspaldini lavora per un ufficio turistico a Perugia e consiglia (advises) cosa vedere o fare nella sua città. Riscrivi le frasi sostituendo (substituting) un pronome indiretto alle parole in corsivo (italics).*

1. Dice *ai miei amici* di visitare la fabbrica dei Baci Perugina.

   _____

2. Dice *a Wanda* di mangiare al ristorante "Da Norberto."

   _____

3. Dice *a dei signori svedesi* di andare al festival del jazz.

   _____

4. Dice *a noi* di fare le compere in centro.

_____

5. Dice *a voi* di prendere un dolce al bar "Gli Sportivi."

_____

6. Dice *a Camillo* di vedere lo spettacolo al teatro Comunale.

_____

7. Dice *a delle signorine inglesi* di visitare la chiesa di San Francesco ad Assisi.

_____

8. Dice *a Lei*, professor Cerusico, di vedere un film di Maurizio Nichetti.

_____

10.5 Chi riceve regali dalla zia? *A Natale, la zia Giuseppina dà regali (presents) agli amici e ai parenti. Riscrivi le frasi sostituendo un pronome indiretto alle parole in corsivo.*

1. Dà una cravatta *al babbo*.

_____

2. Dà un panettone *ai cugini*.

_____

3. Dà delle candele *alla mamma*.

_____

4. Dà una videocamera *a noi*.

_____

5. Dà dei Baci Perugina *a voi*.

_____

6. Dà delle bocce *a Lei, signorina Paolucci*.

_____

7. Dà dei fiori *a Gastone*.

_____

8. Dà i portafogli *alle figlie*.

_____

10.6 *Riscrivi le frasi sostituendo un pronome oggetto diretto o indiretto alle parole in corsivo.* (Remember to make the past participle in the present perfect tense agree in gender and number when it is preceded by a third person direct object pronoun.)

1. Ho invitato *gli ospiti*.

   _____

2. Abbiamo comprato i regali *per la mamma*.

   _____

3. Il signor Folonari ha detto *a Saverio* di venire presto.

   _____

4. Perchè non hai scritto *la lettera* al giornalista?

   _____

5. Pierpaolo ha disegnato *la faccia di suo nonno*.

   _____

6. La zia Carmela ha cucinato *il tacchino* per la famiglia.

   _____

7. Perchè non avete telefonato *al vostro dentista*?

   _____

8. Abbiamo aiutato *la commessa* al negozio.

   _____

9. La signora Pesce ha lavato i pantaloni *per Ludovico*.

   _____

10. Hai preparato *la tavola*?

    _____

11. Hanno regalato *a noi* i biglietti per lo spettacolo.

    _____

12. La professoressa Tarallo ha insegnato la canzone *ai suoi studenti*.

    _____

13. Armando ha prestato i suoi compiti *alle ragazze*.

    _____

14. Ho mostrato alla mamma *il mio lavoro*.

_____

15. Perchè hai mandato l'opuscolo *ai parenti*?

_____

10.7 *Scrivi l'equivalente delle frasi in Italiano.*

1. I wrote her a letter.

_____

2. Did you see the boat? Did you buy it?

_____

3. We called him from home.

_____

4. Did you wait for him?

_____

5. They listened to her.

_____

6. I gave them a present.

_____

7. We told him of the beach.

_____

8. Did you make him the dessert?

_____

CI
THERE (II)

10.8 *Rispondi alle domande con sì, usando (using) il pronome ci.*

1. Vai a quell'isola?

_____

2. Stai in quella pensione?

   _____

3. Sei stato(a) alla spiaggia?

   _____

4. Sei andato(a) in campeggio?

   _____

5. Hai pensato di sposarti?

   _____

6. Sei salito(a) sulla montagna?

   _____

7. Credi nella competenza del tuo dentista?

   _____

8. Devi essere in ufficio oggi?

   _____

9. Sei tornato(a) dall'avvocato?

   _____

10. Credi nelle offerte speciali?

    _____

11. Hai pensato alla tua mamma?

    _____

12. Vai al cinema oggi?

    _____

10.9 *Riscrivi le frasi sostituendo un pronome alle parole in corsivo. Fa (make) altri cambiamenti* (changes) *se sono necessari.*

1. Vogliamo portare *il bucato* a casa.

   _____

2. Sei stato(a) *al lago*.

   _____

3. Abbiamo cercato *il bagno*.

_____

4. I miei genitori non hanno cenato *nell'albergo*.

_____

5. Siete andati *allo spettacolo*?

_____

6. Abbiamo mandato le informazioni *all'avvocato Pallone*.

_____

7. Abbiamo nuotato *in piscina*.

_____

8. Non possiamo portare *le bibite*.

_____

9. Devo dipingere *la cucina* per la nonna.

_____

10. Ho creduto *nella Befana*.

_____

◆ ## NE
OF/ABOUT IT, THEM (III)

10.10 Ne vuoi? *Sei ospite (guest) a cena dalla signora Procopio. Lei ti offre delle cose da mangiare: rispondi in senso positivo (sì) con il pronome **ne**.*

1. Vuoi del vino?

_____

2. Vuoi un po' di maccheroni al ragù?

_____

3. Vuoi molta carne?

_____

4. Vuoi una bistecca?

_____

5. Vuoi delle fragole?

_____

6. Vuoi un gelato?

_____

10.11 *Rispondi in senso negativo (no) alle domande, usando il pronome **ne** per i nomi e cambia la desinenza (ending) del participio passato dove necessario.*

1. Hai mangiato molti dolci?

_____

2. Hanno portato cinque assegni?

_____

3. Avete comprato due valige?

_____

4. Hai ricevuto pochi giocattoli?

_____

5. Hanno mangiato troppe uova di cioccolato?

_____

6. Hai dato due ricette?

_____

7. Ha bevuto molta acqua?

_____

8. Hai scritto alcune canzoni?

_____

10.12 *Scrivi l'equivalente delle frasi in Italiano.*

1. I thought about it.

_____

2. Do you believe it?

_____

3. She doesn't want any.

_____

4. Do you have many movies? Yes, I have twenty.

_____

5. We want to go there.

_____

6. Do they have time? Yes, they have lots!

_____

7. You must not talk about it.

_____

Espansione grammaticale

◆ PRONOMI DOPPI
DOUBLE-OBJECT PRONOUNS

10.13 Cosa spiega? *Riscrivi le frasi usando i pronomi doppi.*

1. Gli spiega la parte.

_____

2. Le spiega il film.

_____

3. Vi spiega lo spettacolo.

_____

4. Ci spiega i preparativi.

_____

5. Ti spiega le usanze.

_____

6. Mi spiega la cartina.

_____

10.14 **Cosa danno?** *Rispondi in senso positivo (sì) alle domande usando i pronomi doppi.*

1. Danno a lui lo spumante?

   _____

2. Danno la ricetta alla signora Tagliabue?

   _____

3. Danno i bagagli agli uomini?

   _____

4. Danno i fiori alle mamme?

   _____

5. Danno i compiti a te?

   _____

6. Danno a me i piatti?

   _____

7. Danno una nuova villa alla famiglia?

   _____

8. Danno loro del vino bianco?

   _____

10.15 **Che cosa ha dimenticato il cameriere?** *Dopo una cena al ristorante, di'(say) cosa il cameriere ha dimenticato (forgot) di portare a te e ai membri della tua famiglia. Usa i pronomi doppi.*

1. Non ha portato a me i maccheroni.

   _____

2. Non ha portato a voi le bibite.

   _____

3. Non ha portato a voi i meloni.

   _____

4. Non ha portato le paste a Marco.

   _____

5. Non ha portato i broccoli ai signori Pescosolido.

_____

6. Non ha portato della frutta alla signorina Cimino.

_____

10.16 _Rispondi in senso positivo (sì), usando i pronomi doppi._

1. Marcantonio può girare questo film per Stallone?

_____

2. Mirella vuole doppiare Sofia per i fratelli Saviane?

_____

3. Alba deve fare la spesa per il dottor Sangemini?

_____

4. Ciruzzo deve servire le mozzarelle agli attori?

_____

5. Venanzia può lavare la gonna per l'attrice?

_____

6. Valentino vuole fare tre costumi per Sofia?

_____

Scriviamo un po'!

Un soggetto cinematografico

A. *You have been asked to write a screenplay for a new movie (choose any genre). First you draft a summary of the plot, the various roles, and other aspects of your scenario. Be inventive! On a separate sheet of paper, jot down some notes about the story line (**il soggetto / la trama**), the main characters (**i personaggi principali**), the setting (**la sceneggiatura**), the time frame (**si svolge...**), and other pertinent information.*

B. *Using your notes as a guide, write your summary. To keep your text succinct, use indirect object pronouns, the word **ci**, and the pronoun **ne** wherever appropriate.*

Il mio soggetto cinematografico
_____

_____

_____

_____

_____

_____

_____

_____

_____

_____

_____

_____

_____

_____

_____

C. *Review what you have written, paying special attention to the indirect object pronouns you have used (forms, position) and to the use of **ci** and/or **ne**. Revise your text if necessary.*

Capitolo 11

Il cibo e i ristoranti

◆ **PER COMINCIARE**

11.1 **Che mangiano?** *Tu hai mangiato in un ristorante con alcuni amici. Di' che cosa ognuno ha ordinato.* (***un bicchiere** = a glass*)

MODELLO

Camilla ordina (orders) _____*fettucine, calamari, patat fritte e frutta.*_____

1.

Marisa ordina _____

2.

Pasquale ordina _____

3.

Yaphet e Lia ordinano _____

4.

Ettore ordina _____

5.

Io ordino _____

11.2 Che cosa mangiano gli italiani? *Rispondi alle domande in italiano su un altro foglio di carta (sheet of paper).*

1. Che cosa mangiano gli italiani per la prima colazione?
2. Che cosa mangiano gli italiani a pranzo?
3. Che cos'è lo spuntino?
4. Cosa mangiano gli italiani a cena?

◆ INCONTRI

11.3 *Dopo che hai finito di leggere **Incontri**, rispondi alle domande.*

1. Perchè Paola è all'aeroporto?

   _____

2. Com'è il tempo quando arriva Carol?

   _____

3. Perchè Paola dice che Carol deve essere stanca?

   _____

4. Perchè Carol non è stanca? Cosa vuole fare?

   _____

5. Cosa vuole mangiare Carol?

   _____

6. Cosa mangiano i genovesi?

   _____

7. Cosa pensa Carol del pesce congelato?

   _____

11.4 Cosa fanno? *Scrivi una frase per ogni immagine.*

1.

   _____

   _____

   _____

2.

3.

4.

5.

6.

◆ PRONOMI TONICI
STRESSED PRONOUNS (I)

11.5 *Quali attori e altre persone che lavorano nel cinema vuoi conoscere? Riscrivi le frasi sostituendo un pronome tonico alle parole in corsivo.*

1. Voglio conoscere *l'attrice Valeria Marini.*

   _____

2. Voglio conoscere *gli attori Stallone e Schwarzenegger.*

   _____

3. Voglio conoscere *il regista Pappi Corsicato.*

   _____

4. Voglio conoscere *le interpreti del film di Moretti.*

   _____

5. Voglio conoscere *il cantautore della colonna sonora.*

   _____

6. Voglio conoscere *la signora che ha fatto i costumi.*

   _____

11.6 *Riscrivi le frasi usando pronomi tonici invece dei pronomi oggetto diretto e oggetto indiretto.* (Remember to express the preposition when you are substituting for an indirect object pronoun, and that there is no agreement of the past participle with stressed pronouns.)

MODELLO   L'ho vista. _____ *Ho visto lei.* _____

1. Gli ho prestato la radio.

   _____

2. L'ho conosciuto a Busalla.

   _____

3. Mi ha dato un pallone.

   _____

4. Ci ha visti alla partita.

   _____

5. Le è sembrato comico il soggetto.

_____

6. Li ha portati al botteghino per i biglietti.

_____

7. Ti ho seguito per le strade di Genova.

_____

8. L'ho aiutata a leggere il menù.

_____

9. Le ho consigliato un buon ristorante.

_____

10. Le ho aspettate a Crocefieschi.

_____

11.7 *Scrivi l'equivalente delle frasi in Italiano.*

1. Do you want to come with me?

_____

2. Marco, are you waiting for her?

_____

3. My sister wants to meet a person like you.

_____

4. In my opinion (according to me), the world is beautiful.

_____

◆ IL VERBO *PIACERE* AL PRESENTE
THE VERB *TO BE PLEASING* IN THE PRESENT (II)

11.8 **Preferenze.** *Cosa ti piace? Cosa non ti piace? Crea delle frasi usando le parole suggerite (suggested) e il verbo **piacere**.*

1. (il cinema neorealista) _____

2. (gli attori italiani) _____

3. (i pantaloni rossi) _____

4. (i film dell'orrore) _____

5. (la pallavolo) _____

6. (il naso del presidente) _____

7. (le bocce) _____

8. (le infermiere gentili) _____

9. (i dentisti nervosi) _____

10. (i camerieri timidi) _____

11. (la chimica) _____

12. (abitare nel dormitorio) _____

13. (mangiare in mensa) _____

14. (avere ragione) _____

11.9 *Domanda alle persone indicate cosa piace loro.*

1. Maria: gli gnocchi _____

2. Dottor Radaelli: le cipolle _____

3. la piccola Carmelina: il dentista, dott. Fermi _____

4. mamma: la discoteca _____

5. Gina e Vito: le canzoni romantiche italiane _____

6. i signori Bertolini: i tassisti di New York _____

7. l'avvocato Centomani: il Suo stipendio _____

8. Giancarlo: gli occhi di Sofia _____

9. la signora Farina e suo marito: i capelli lunghi del loro figlio Ninni _____

10. Franz e Luisa: il pattinaggio _____

IL VERBO *PIACERE* AL PASSATO PROSSIMO

THE VERB *TO BE PLEASING* IN THE PRESENT PERFECT (III)

11.10 Mi è piaciuto tutto. *Dopo una cena stravagante* (extravagant) *di veglione, il signor Renzo Turacciolo ti domanda cosa ti è piaciuto. Rispondi usando il passato prossimo del verbo* **piacere.**

1. l'antipasto? _____

2. i salumi? _____

3. le fettuccine al salmone? _____

4. gli spaghetti al pomodoro? _____

5. la carne? _____

6. il pesce fresco? _____

7. i broccoli? _____

8. le carote? _____

9. i vini favolosi? _____

10. la torta? _____

11. la frutta? _____

12. il letto per riposare? _____

11.11 *Dì che cosa è piaciuto alle persone. Completa le frasi con una forma corretta di* **piacere** *al passato prossimo. Il pronome indiretto si riferisce* (refers to) *al soggetto.*

MODELLO   Pancrazio ha comprato i pantaloncini perchè _____*gli sono piaciuti*_____ .

1. Bianca ha comprato la gonna perchè _____ .

2. Io ho comprato quella bella radio perchè _____ .

3. Noi abbiamo comprato quella cravatta perchè _____ .

4. Tu hai comprato quella felpa nera perchè _____ .

5. La mamma ha comprato quel bel tacchino perchè _____ .

6. Il babbo ha comprato quel vestito giallo perchè _____ .

7. Voi avete comprato le banane perchè _____ .

8. Io ho comprato quei pantaloni rossi perchè _____.

9. Ferruccio ha comprato quel pallone perchè _____.

10. I signori Covi hanno comprato quella pescheria perchè _____.

11.12 *Scrivi l'equivalente delle frasi in Italiano.*

1. "Mr. Cavallo, do you like Genova?"

    _____

2. I like those actors.

    _____

3. My sister liked the T-shirts.

    _____

4. The children like the toys.

    _____

5. Her brother liked the game.

    _____

Espansione grammaticale

◆ VERBI SIMILI A *PIACERE*
VERBS LIKE *PIACERE*

11.13 **All'ospedale.** *Scrivi cosa fa male ad ogni persona. Usa il presente di* **fare male** *e un pronome oggetto indiretto.*

MODELLO   tu: la gamba _____ *Ti fa male la gamba.* _____

1. io: il collo

    _____

2. la signora Stigliani: gli occhi

    _____

3. voi: il naso

    _____

4. i ragazzi: i denti

_____

5. noi: i piedi

_____

6. tu: la testa

_____

11.14 _Scrivi cosa interessa ad ogni persona. Usa il presente del verbo_ **interessare** _e un pronome oggetto indiretto._

1. la mamma: lo sci di fondo

_____

2. i genitori: gli scrittori italiani

_____

3. io: un buono stipendio

_____

4. mia sorella: le colonne sonore dei film di Fellini

_____

5. voi: recitare nei film gialli

_____

6. tu: le attrici italiane

_____

11.15 _Scrivi cosa è bastato ad ogni persona. Usa il passato prossimo del verbo_ **bastare** _e un pronome oggetto indiretto._

1. mia nonna: due chili di carne

_____

2. io: un piatto di tacchino

_____

3. i signori Tosi: otto banane

_____

4. noi: una partita di calcio

_____

5. tu: due uova di cioccolato

_____

6. voi: cinque fiori gialli

_____

11.16 *Scrivi cosa è interessato ad ogni persona. Usa il passato prossimo del verbo* **interessare** *e un pronome oggetto indiretto.*

1. Pierluigi: il ciclismo

_____

2. Federica e Eduardo: il tennis

_____

3. tu: la canzone

_____

4. io: le discoteche di Parma

_____

5. voi: i ristoranti di Capri

_____

6. i signori Ciancimino: le immersioni subacquee

_____

11.17 *Scrivi cosa è mancato a ogni persona. Usa il passato prossimo del verbo* **mancare** *e un pronome oggetto indiretto.*

1. Raimonda: i suoi amici

_____

2. io: le canzoni italiane

_____

3. Muzio e Vanna: le discoteche di Cosenza

_____

4. voi: i tramonti a Spotorno

   _____

5. tu: la Befana

   _____

6. noi: il presepio

   _____

11.18 _Scrivi l'equivalente delle frasi._

1. We missed that restaurant.

   _____

2. Her eyes hurt.

   _____

3. Two plates of meat were not enough for Tino.

   _____

4. They didn't care about the game.

   _____

5. Italian films interest us.

   _____

Scriviamo un po'!

Una cena

A. Describe a recent dinner that you had—in a restaurant, at a friend's place, at home—or a meal you have always dreamed of. On a separate sheet of paper, list the courses of the meal and the foods you ate with each, the beverages you had, and any other noteworthy aspects of the meal. Mention how you liked (or didn't like) the various items and, if the meal took place in a restaurant, how you felt about the ambience, the service, the price . . . Finally, assess the meal as a whole and compare your reactions with those of your dinner companions.

B. Using your notes as a guide, describe your meal. To help emphasize, contrast, or clarify, use stressed pronouns wherever appropriate.

Una cena _____

_____

_____

_____

_____

_____

_____

_____

_____

_____

_____

_____

_____

C. Review what you have written, paying special attention to the stressed pronouns you have used and to the use of **piacere**. Revise your text if necessary.

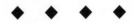

Capitolo 12

L'arte

◆ **PER COMINCIARE**

12.1 Una visita a un museo di belle arti. *Oggi tu sei in un museo di belle arti. Descrivi i quadri che vedi. (Nota: Questa attività è basata sulle* **Parole e espressioni utili,** *pagina 268 del tuo libro di testo.)*

MODELLO _____*È un ritratto.*_____

1. _____   2. _____

3. _____   4. _____

5. _____   6. _____

(*Clue:* Qui Raffaello Sanzio ha dipinto un quadro di sè.)

◆ INCONTRI

12.2 *Dopo che finisci di leggere* **Incontri,** *respondi alle domande.*

1. Dove sono John e Laura?

   _____

2. Che cosa fanno?

   _____

3. Come sono ora i colori del *Giudizio Universale*?

   _____

4. Perchè i colori sono cambiati?

   _____

5. Era solo pittore Michelangelo?

   _____

6. Perchè Laura e John dicono che non ci sono geni come Michelangelo oggi?

_____

12.3 Ti piacciono le belle arti? *Rispondi alle domande.*

1. Ti piacciono i quadri?

_____

2. Che tipo di quadro preferisci?

_____

3. Hai una stampa nella tua camera? Cosa c'è sulla stampa?

_____

4. Hai talento artistico? Cosa sai fare?

_____

5. C'è un quadro o una stampa che preferisci in casa dei tuoi genitori? Perchè?

_____

◆ ## IMPERFETTO
IMPERFECT (I)

12.4 Che nostalgia! *Di come erano le cose una volta. Riscrivi ogni frase usando l'imperfetto.*

MODELLO   Ora non posso mangiare tre gelati.
           Una volta potevo mangiare tre gelati.

1. Ora non mi diverto con gli amici.

_____

2. Ora non dormo molto.

_____

3. Ora non porto i pantaloni rossi.

_____

4. Ora non ho fretta.

_____

5. Ora non vado a molte feste.

_____

6. Ora non pulisco la cucina ogni giorno.

_____

7. Ora non voglio un lavoro pericoloso.

_____

8. Ora non so giocare a tennis.

_____

9. Ora non devo lavorare.

_____

10. Ora non esco con gli amici.

_____

11. Ora non sono ottimista.

_____

12. Ora non soffro per amore.

_____

12.5 *Riscrivi le frasi con l'imperfetto.*

1. La zia Agnese ammira i quadri. _____

2. Noi assaggiamo il pesce congelato. _____

3. Le piacciono gli affreschi. _____

4. Il cuoco taglia il maiale. _____

5. Voi non friggete nel burro. _____

6. È un angelo muscoloso. _____

7. Beve un po' di caffè latte. _____

8. Perchè coprite le pareti con dei brutti ritratti? _____

9. Dove posso mostrare i miei acquerelli? _____

10. Tu rifiuti di fare un viaggio in treno? _____

11. Per primo noi prendiamo le fettuccine all'aragosta. _____

12. Perchè non dicono che lo spuntino è squisito? _____

13. Faccio la prima colazione alle sette. _____

14. Il film si svolge nel Vaticano. _____

15. Mi metto una camicia gialla. _____

12.6 *Rispondi alle domande con l'imperfetto.*

1. Cosa facevi ieri sera quando ti ho telefonato?

   _____

2. Che ora era quando ti sei addormentato(a) ieri sera?

   _____

3. Quanti anni avevi nel 1987?

   _____

4. Dove eri questa mattina?

   _____

5. Cosa non volevi mangiare quando eri piccolo(a)?

   _____

6. Come eri a quattordici anni?

   _____

7. Come ti divertivi quando avevi sedici anni?

   _____

8. Di cosa ti preoccupavi quando eri giovane?

   _____

9. Chi erano i tuoi amici nella scuola elementare? Come erano?

   _____

10. Ricordi quando sei uscito con un ragazzo/una ragazza la prima volta? Come si
    chiamava il ragazzo o la ragazza? Com'era?

    _____

12.7 *Scrivi l'equivalente delle frasi in Italiano.*

1. As a child, Stefano would eat cookies every day after school.

   _____

2. Usually we had fun when we drew landscapes.

   _____

3. While I was in the kitchen I was hungry.

   _____

4. On Saturdays, my parents used to make breakfast at nine.

   _____

5. It was midnight, and the people were sleeping.

   _____

6. When you were five years old you would play with food.

   _____

7. His name was Aldo, and he was always sad.

   _____

8. They were happy while they were living in Amalfi.

   _____

◆ L'IMPERFETTO E IL PASSATO PROSSIMO
THE IMPERFECT AND THE PRESENT PERFECT (II)

12.8 *Riscrivi i verbi all'imperfetto o al passato prossimo, secondo il significato nel contesto.*

1. Ogni giorno quando torniamo _____ a casa, la mamma

   ci domanda _____ cosa facciamo

   _____ a scuola.

2. La signora Ciaramello fa sempre _____ le stesse cose:

   si alza _____ alle otto, si lava

   _____ , si pettina _____ ,

   si veste _____ , beve

   _____ un caffè e va _____

   in ufficio.

3. Sono _____ le tre e un quarto, e molta gente si riposa

_____ al mare.

4. Marisa e Francesca escono _____ per andare alla

mostra. Mentre sono _____ in via Augusto incontrano

_____ il professor Baboccio: lui fa

_____ due passi e ha _____

con sè due bei quadri. Il professore non nota _____

che i due studenti hanno _____ fretta, e così li saluta

_____ e domanda _____

loro se hanno _____ tempo per andare a prendere un

caffè. È _____ una splendida mattina, ed è

_____ ancora presto, ma i due amici ringraziano

_____ il professore e gli spiegano

_____ che vogliono _____

arrivare subito alla mostra. La prossima volta!

12.9 *Scrivi l'equivalente delle frasi in italiano.*

1. I stopped at the exhibition and I stayed three hours. The paintings were
extraordinary.

_____

2. We saw each other while you were going to your parents'.

_____

3. When Vito called, Filippo was getting dressed.

_____

4. The sky was dark when they went out for a short walk.

_____

5. When you were young, you lived in the Vatican for two months.

_____

TRAPASSATO
PAST PERFECT (III)

12.10   Al cinema. *Completa le frasi scegliendo (choosing) la forma corretta del verbo al passato prossimo, all'imperfetto, o al trapassato, secondo il significato nel contesto.*

1. Ieri Lapo e io (andare) _____ a vedere l'ultimo film di

   Francesca Archibugi perchè la settimana passata noi (leggere)

   _____ una buona recensione nel giornale.

2. Io (telefonare) _____ a Gina per sapere se anche lei

   (volere) _____ venire, ma mi (dire)

   _____ che (vedere) _____

   già il film, e non (sentirsi) _____ di andarci un' altra

   volta.

3. Mentre io (essere) _____ al botteghino, (trovare)

   _____ un biglietto che una persona (dimenticare)

   _____.

4. Stallone e De Niro (essere) _____ gli interpreti, e

   (prepararsi) _____ bene per le loro parti.

5. Quando il film (finire) _____ noi (ricordarsi)

   _____ che i genitori (dire)

   _____ che noi (dovere) _____

   essere a casa per mezzanotte.

12.11   *Scrivi l'equivalente delle frasi in italiano.*

1. That painter had finished the portrait while he was staying in Rome.

   _____

2. I saw Arturo at dinner, and he said that he had been to Italy for a month.

   _____

3. They worked at the delicatessen store when they had graduated.

   _____

4. You tried the squid because you had never tasted them.

   _____

5. We went to the show because we had read a good review.

   _____

6. "Doctor Piselli, you did not order beef today because you didn't like it as a child?"

   _____

Espansione grammaticale

IMPERFETTO E PASSATO PROSSIMO DI *CONOSCERE, DOVERE, POTERE, SAPERE, E VOLERE* (I)

12.12 *Scrivi l'equivalente delle frasi in italiano.*

1. They wanted to go to the game but they weren't able to.

   _____

2. Yesterday was beautiful and I was able to swim. I enjoyed myself.

   _____

3. Carlo could not come to the movies with me because it was late and he was tired.

   _____

4. I was supposed to call Orval, but I fell asleep.

   _____

5. Stefano found out that his wife had prepared chicken for lunch.

   _____

6. I met Peppina at the butcher while I was buying a steak.

   _____

7. We knew that Teresina had graduated.

_____

8. Professor Pesce knew how to teach the art of painting.

_____

 ## PASSATO REMOTO
PAST ABSOLUTE (II)

12.13 *Riscrivi le frasi con la forma del passato prossimo che corrisponde alla forma del verbo al passato remoto.*

1. Parlaste dell'affresco che vedeste molti anni fa?

_____

2. Ammirammo l'autoritratto di Van Gogh.

_____

3. Mio nonno scolpì un angelo muscoloso nel l924.

_____

4. Ricevetti una scultura per il compleanno.

_____

5. Perchè dormirono a Tivoli?

_____

6. Non credette suo padre.

_____

7. Comprai delle pietre preziose per la zia.

_____

8. Uscì da solo per vedere le opere d'arte al Vaticano.

_____

9. Andò in guerra nel 1940.

_____

10. La vedeste in Sicilia?

_____

11. Sentii la mamma che chiamava.

   _____

12. Li seguimmo a Venezia.

   _____

13. Maria partì per un viaggio in Giappone.

   _____

14. Gli insegnasti l'italiano.

   _____

15. Le offrì un'aragosta bollita.

   _____

16. Si rilassarono con gli amici.

   _____

17. Dovè vestirsi per andare a cavallo.

   _____

18. Ci fidanzammo a gennaio.

   _____

19. Il babbo entrò e le salutò.

   _____

20. Gli portaste le valige.

   _____

Scriviamo un po'!

Una cartolina dal Vaticano

A. *You just spent a week in Rome, where you were joined by a friend the last two days. Describe your stay in a postcard, focusing on your activities—both alone and with your companion—in* **la Città del Vaticano.** *On a separate sheet of paper, list some of the buildings, monuments, and/or museums you saw (look back at the cultural material in the chapter). Record your impressions of the* **Cappella Sistina.** *Note what you did frequently or regularly during your stay and what you did only once, and any other information you wish to relate.*

B. *Using your notes as a guide, write your postcard.*

Caro/a _____

_____

_____

_____

_____

_____

_____

_____

_____

_____

_____

_____

_____

_____

Cari saluti, _____

C. *Review what you have written, paying special attention to the use of the* **imperfetto** *and the* **passato prossimo.** *Revise your text if necessary.*

◆ ◆ ◆ ◆

Capitolo **13**

La moda

◆ **PER COMINCIARE**

13.1 **Vestiti e accessori.** *Indica i vestiti e gli accessori che vedi nelle foto. Scegli le parole dalla lista e scrivile sulle righe.*

blusa in cotone	giacca corta a doppiopetto	ombrello
calze	giacca in pura lana	scarpe
camicia in seta pura	giubbotto in "cuoio-spugna"	tailleur in tweed
cartella	minigonna in pelle	vestito in camoscio
collana	mocassini	
diario	occhiali	

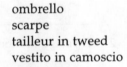

1. _____	9. _____
2. _____	10. _____
3. _____	11. _____
4. _____	12. _____
5. _____	13. _____
6. _____	14. _____
7. _____	15. _____
8. _____	16. _____

◆ INCONTRI

13.2 *Leggi **Incontri** e studia le **parole e espressioni utili**, poi rispondi alle domande.*

1. Come preferisci vestirti?

   _____

2. Ti vesti alla moda? Perchè sì o no?

   _____

3. Segui la moda? Quale?

   _____

4. Descrivi un modo ideale di essere elegante.

   _____

5. Secondo te, chi è una persona famosa che si veste male? Perchè?

   _____

13.3 Come si vestono? *Scrivi cosa portano le persone nelle foto. Immagina (imagine) i colori. Cosa fanno vestite così queste persone?*

1. _____

2. _____

3. _____

4. _____

◆ FUTURO SEMPLICE
FUTURE TENSE (I)

13.4 *Riscrivi i verbi dal presente al futuro.*

1. Provo la giacca di Valentino. _____

2. Mangiano i frutti di mare. _____

3. Si diverte alle sfilate di moda. _____

4. Quando giochiamo a tennis noi litighiamo. _____

5. Suo figlio prende tre biglietti. _____

6. Preferiscono quel vestito rosso. _____

7. Perchè dormi tutto il giorno? _____

8. Se riceve un regalo si sente felice. _____

9. La zia Peppina scrive ai cugini per il compleanno. _____

10. Dove giocate a pallone? _____

11. La festa non comincia a mezzanotte. _____

12. Quella coppia balla bene. _____

13. Non capisce i tuoi ospiti. _____

14. Ci svegliamo alle sei meno un quarto. _____

15. Scendo dalla macchina per comprare il giornale. _____

16. Leggono l'orario alla stazione. _____

17. Perchè non offriamo una bibita ai bambini? _____

18. Se resto a casa guardo la televisione. _____

19. Sua figlia conosce mio padre. _____

20. Appena spegne la candela si addormenta. _____

13.5 *Scrivi l'equivalente delle frasi in italiano.*

1. When we go to Italy, we will visit Florence.

   _____

2. If they go out, they will stop at the bank.

   _____

3. While he eats, Carlo listens to the radio.

   _____

4. As soon as my brother arrives, we will relax.

   _____

5. They do not have breakfast when it is hot.

   _____

6. If it is cold, you put on your jacket.

   _____

13.6 **Il tuo viaggio in Italia.** *Scrivi sei cose che farai, da solo(a) o con gli amici, quando andrai in Italia.*

1. _____

2. _____

3. _____

4. _____

5. _____

6. _____

◆ FUTURO DEI VERBI IRREGOLARI
FUTURE OF IRREGULAR VERBS (II)

13.7 **Andiamo al ristorante?** *Completa la conversazione tra Vanni e Luigi con il futuro dei verbi in parentesi.*

LUIGI: Ciao Vanni. Tu e Remo (andare) _____ a mangiare

da Sabatino?

VANNI: Sì, noi (fare) _____ due passi e poi (essere)

_____ da Sabatino all'una e un quarto.

LUIGI: Io (dovere) _____ dare un esame e quando io

(sapere) _____ come ho fatto, (venire)

_____ da Sabatino. Ci (vedere)

_____ all'una e mezzo, penso.

VANNI: Marco e Laura (essere) _____ con te? Loro

(potere) _____ venire o (dovere)

_____ studiare?

LUIGI: Appena loro (finire) _____ , (venire)

_____ .

VANNI: Quando tu li (vedere), (potere) _____ dire

che li (aspettare) _____.

LUIGI: Però io (volere) _____ bere un bicchiere di vino

con te mentre aspettiamo.

VANNI: Bene. Io (bere) _____ volentieri un bicchiere con te.

LUIGI: Quando tu (sapere) _____ a che ora tu

(potere) _____ venire, mi (telefonare)

_____.

VANNI: Bene: se mi (dovere) _____ telefonare, io

(stare) _____ a casa e non (uscire)

_____.

13.8 Procrastinatori. *Rispondi alle domande per le persone indicate. Usa il futuro.*

MODELLO   "Dottor Silvestri, si è fatto la barba?"   _No, mi farò la barba domani._

1. "Mario, hai preso i biglietti?"

   _____

2. "Ragazzi, vi siete fermati alla sfilata?"

   _____

3. "Signor Saracino, ha fatto i preparativi per la festa?"

   _____

4. "Giansiro, sei andato all'azienda?"

   _____

5. "Signori Paladino, avete dato il regalo allo zio?"

   _____

6. "Ragazze, siete state alla lezione di pattinaggio?"

   _____

7. "Professoressa Cavallini, ha bevuto del Chianti?

   _____

8. "Nilde, hai fatto il bagno?"

   _____

9. "Signore e signora Sala, sono stati alle terme?"

   _____

10. "Bambini, avete avuto i biglietti?"

    _____

13.9 *Rispondi alle domande usando* (using) *due verbi al futuro.*

1. Cosa vorrai fare quando sarai in Italia?

   _____

2. Come sarai quando avrai quarant'anni?

   _____

3. Cosa potrai fare quando finirai l'università?

   _____

4. Cosa dovrai fare quando finirai l'università?

   _____

5. Cosa saprai fare quando finirai l'università?

   _____

Espansione grammaticale

◆ **FUTURO DI PROBABILITÀ**
FUTURE OF PROBABILITY (I)

13.10 *Indovina* (guess), *usando il futuro di probabilità.*

1. Quanti anni ha il professore/la professoressa?

   _____

2. Quanto costa un viaggio in aereo in Italia?

   _____

3. Quanto costano i pantaloni di Armani?

   _____

4. Cosa fanno ora i tuoi genitori?

_____

5. Dov'è una piccola città che si chiama Sansepolcro?

_____

6. Com'è la casa di Gianni Versace?

_____

7. Dove va il professore/la professoressa per la vacanza?

_____

8. Che cosa va di moda ora a Firenze?

_____

13.11 _Riscrivi le frasi in un altro modo per indicare probabilità._

1. I ragazzi probabilmente sono agli Uffizi.

_____

2. Quel macellaio dev'essere spagnolo.

_____

3. Forse loro conoscono mio fratello.

_____

4. Avete ordinato una bella cena: dovete avere fame!

_____

5. Non vanno forse all'agenzia di viaggi?

_____

13.12 _Scrivi l'equivalente delle frasi in italiano, usando il futuro di probabilità dove necessario._

1. Who could it be?

_____

2. They must know his wife.

_____

3. Chances are that they are hungry.

_____

4. If I am cold, I put on my coat.

_____

5. When we need clothes, we will buy them on sale.

_____

◆ **FUTURO ANTERIORE**
   FUTURE PERFECT (II)

13.13   Che cosa avranno fatto? *Completa le seguenti frasi con il futuro anteriore per indicare che cosa avranno fatto le persone nei prossimi anni.*

1. Io (andare) _____ in crociera in Grecia.

2. Mio padre (comprare) _____ dei capolavori d'arte.

3. Il professore/la professoressa (finire) _____ di scrivere un libro importante.

4. Tutta la classe (imparare) _____ bene l'italiano.

5. Noi (trovare) _____ un buon lavoro con un ottimo stipendio.

6. I miei amici (sposarsi) _____.

7. Io (conoscere) _____ la mia futura moglie/il mio futuro marito.

8. Tu, Maria, (essere) _____ a Firenze molte volte.

9. Voi (vedere) _____ gli affreschi della Cappella Sistina.

10. Il mio ricco zio mi (regalare) _____ una villa a Fiesole.

13.14 *Completa le seguenti frasi con il futuro anteriore del verbo in parentesi per indicare che cosa sarà successo* (what might have happened).

1. Non abbiamo visto Gina perchè (alzarsi) _____ tardi.

2. Quando i signori Schultz erano a Firenze, (ordinare) _____ la bistecca alla fiorentina ogni sera al ristorante.

3. Non abbiamo sentito di chi era la canzone: la (scrivere) _____ Bob Dylan.

4. Sei molto stanco: (giocare) _____ a calcio tutta la giornata.

5. Ieri (fare) _____ molto caldo in Sicilia.

6. Sei molto elegante: (essere) _____ alla sfilata di moda di Armani.

13.15 *Scrivi l'equivalente delle frasi in italiano.*

1. She probably liked the dress and the hat.

   _____

2. Where could they have gone?

   _____

3. You must have heard of Krizia, the Italian designer.

   _____

4. After you have shopped, you will call your parents.

   _____

5. When they have finished the chicken, they will be able to have dessert.

   _____

6. I will have fallen asleep before midnight.

   _____

Scriviamo un po'!

Una cena speciale

A. *Imagine that you have won a contest whose prize is dinner with the celebrity of your choice. On a separate sheet of paper, jot down your expectations as to the following: who the celebrity is, what he or she will wear, what you will wear, what you will talk about, what the restaurant and the meal will be like, how you will feel about the experience, what you will tell your friends . . .*

B. *Using your notes as a guide, describe the dinner as you envision it. Use the future tense wherever possible.*

La mia cena con _____

_____

_____

_____

_____

_____

_____

_____

_____

_____

_____

_____

_____

C. *Review what you have written, paying special attention to the forms and use of the future tense. Revise your text if necessary.*

Capitolo 14

La città e i monumenti

PER COMINCIARE

14.1 **La città.** *Guarda la cartina della città a pagina 310 del tuo libro di testo e completa ogni frase dicendo dove sono gli edifici (buildings) che vedi.*

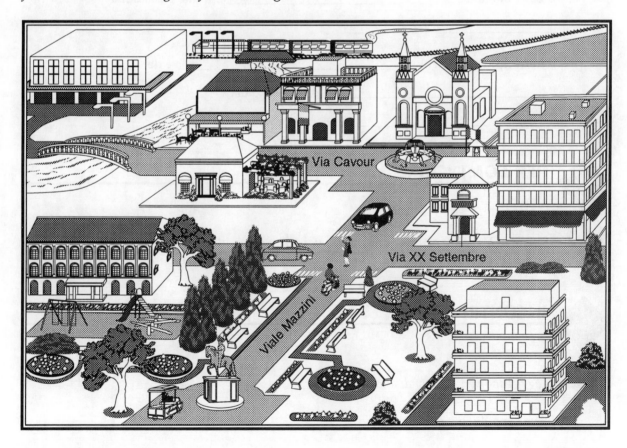

MODELLO   Il municipio è in ___via XX Settembre___ , a sinistra del ___grande magazzino___ .

1. La chiesa è in _____ , a destra della

   _____ .

2. La posta è in _____ , di fronte al

   _____ .

3. Il grande magazzino è in _____ , di fronte al

   _____ .

4. La statua è in fondo al _____ , a fianco del

   _____ .

5. Il giardino pubblico è in _____ , dietro il

   _____ .

6. Il Bar Colombo è in _____ , a due passi dalla

   _____ .

7. Il municipio è all'angolo di _____ e del

   _____ , a due passi dalla

   _____ .

◆ PER COMINCIARE

14.2 *Studia le* **Parole e espressioni utili,** *e poi scrivi su un altro foglio di carta le istruzioni per arrivare a casa tua (o al dormitorio) dall'ufficio postale. È importante essere precisi (precise).*

◆ INCONTRI

14.3 *Leggi* **Incontri** *e rispondi alle domande.*

1. Dove sono l'uomo e la donna?

   _____

2. Perchè l'uomo chiede alla donna se lavora per una casa di arredamento?

   _____

3. Che tipo di rivista sarà *Domus*?

   _____

4. Dove vuole vivere la donna?

   _____

5. Dov'è la casa che la donna preferisce?

   _____

6. Cosa piace all'uomo? Perchè?

   _____

7. Cosa può vedere la donna dal suo terrazzo?

   _____

8. Dove vuole abitare l'uomo? Perchè?

   _____

9. Qual è un vantaggio di vivere in città, secondo l'uomo?

   _____

◆ **IMPERATIVO**
IMPERATIVE (I)

14.4 Facciamolo! *Proponi (Propose) ad un'altra persona di fare diverse cose insieme. Scrivi le frasi in italiano con la forma corretta dell'imperativo usando i verbi suggeriti.*

1. (prendere)   _____

2. (divertirsi)   _____

3. (andare)   _____

4. (trovare)   _____

5. (incontrarsi) _____

6. (vedere)   _____

7. (finire)   _____

8. (guidare)   _____

14.5 **Perfect host!** *Alla tua festa chiedi ai tuoi ospiti perchè non fanno certe cose. Usa l'imperativo per dire loro di farlo.*

MODELLO   Signor Biaggio, perchè non prende un antipasto?   *Prenda un antipasto!*

1. Signori Rossi, perchè non parlano? _____

2. Dottor Falchi, perchè non mangia? _____

3. Maria, perchè non ci spieghi il soggetto? _____

4. Ragazzi, perchè non vi divertite? _____

5. Dottoressa Squeglia, perchè non finisce la bistecca? _____

6. Signore e signora Tritalossi, perchè non prendono un dolce? _____

7. Mamma, perchè non offri le bibite? _____

8. Ciro e Marilena, perchè non vi mettete il cappello? _____

9. Zio Guido, perchè non ti calmi? _____

10. Professor Cherubini, perchè non ci legge la recensione? _____

14.6 **Non voglio!** *Il tuo nipotino Massimo è ostinato (stubborn) e si rifiuta di fare certe cose. Digli di fare quello che lui si rifiuta di fare.*

MODELLO   Non voglio giocare! _____ *Gioca!* _____

1. Non voglio mangiare! _____

2. Non voglio leggere! _____

3. Non voglio dormire! _____

4. Non voglio vedere il film di orrore! _____

5. Non voglio correre a scuola! _____

6. Non voglio portare i pantaloncini gialli! _____

7. Non voglio ammirare il quadro! _____

8. Non voglio prendere i calamari! _____

9. Non voglio scrivere alla nonna! _____

10. Non voglio finire gli spinaci! _____

14.7 *Completa le frasi con un imperativo del verbo all'infinito.*

> MODELLO   Se vuoi guardare il film, _guarda il film_ _____!

1. Se dovete viaggiare in treno, _____!

2. Se dobbiamo ballare insieme, _____!

3. Se devi lavorare tutta la giornata, _____!

4. Se devono aspettare, _____!

5. Se deve vedere il film, _____!

6. Se devi cominciare il libro, _____!

7. Se dobbiamo riposarci, _____!

8. Se deve vestirsi, _____!

9. Se dovete scendere ora, _____!

10. Se dobbiamo uscire, _____!

11. Se devono stirare la camicia, _____!

12. Se devi lavarti, _____!

13. Se deve vendere la villa, _____!

14. Se dovete mettervi il cappotto, _____!

15. Se deve finire la lettera, _____!

14.8 **Comandi.** *Completa le frasi con uno dei verbi irregolari all'imperativo.*

> MODELLO   Zio Cesario, se devi andare, _và_ _____!

1. Maria se puoi andare, _____!

2. Dottor Sardoni, se ci può dire il nome, _____!

3. Carlo, se mi puoi fare un favore, _____!

4. Signor Pepe, se può stare a casa, _____!

5. Ragazzi, se possiamo fare colazione, _____!

6. Gioconda, se ci puoi dare il regalo, _____!

7. Professor Cecere, se lo può fare, _____!

8. Babbo, se lo puoi dire, _____!

9. Signor Girardi e signor Piazza, se possono darlo a Maria, _____!

10. Rufo, se mi puoi dare il pallone, _____!

14.9 *Rispondi alle domande usando l'imperativo e un pronome invece del nome.*

MODELLO   Vuoi fare la lezione? _____ *Falla!* _____

1. Vogliamo dare la cena? _____

2. Volete spedire le cartoline? _____

3. Vogliono invitare gli zii? _____

4. Vuoi ascoltare la canzone? _____

5. Vuole pagare la commessa? _____

6. Vogliono fare gli spaghetti? _____

7. Vogliamo assaggiare la minestra? _____

8. Volete prendere i frutti di mare? _____

9. Vuoi accompagnare la mamma? _____

10. Vuoi finire i compiti? _____

14.10 Fa' quello che ti dico! *Tutti chiamano Marco Scano signor Scano tranne il suo capo (boss). Riscrivi le frasi facendo la parte (playing the role) del capo e chiamandolo per nome, Marco.*

MODELLO   Signor Scano, non lo chiami!   *Marco, non chiamarlo!* _____

1. Signor Scano, non lo faccia! _____

2. Signor Scano, non lo dica! _____

3. Signor Scano, non le telefoni! _____

4. Signor Scano, non gli parli! _____

5. Signor Scano, non lo assaggi! _____

6. Signor Scano, non le venda! _____

7. Signor Scano, non lo dia! _____

8. Signor Scano, non gli scriva! _____

14.11 *Riscrivi ogni comando usando un pronome invece del nome.*

1. Porta il dolce! _____

2. Porta la carne! _____

3. Porta gli spaghetti! _____

4. Porta le fettuccine! _____

5. Porta i calamari! _____

6. Porta il vino! _____

14.12 *Riscrivi ogni comando usando un pronome oggetto indiretto invece del nome.*

1. Scriva a sua figlia! _____

2. Scriva ai suoi nipoti! _____

3. Scriva a noi! _____

4. Scriva ai cugini! _____

5. Scriva a me! _____

6. Scriva a Carlo! _____

14.13 *Scrivi l'equivalente delle frasi in italiano.*

1. Fausto, tell me where you are going!

   _____

2. Mr. Coniglio, give him the rice!

   _____

3. Vanessa, don't go to the bank today!

   _____

4. Professor Schultz, ask her a question!

   _____

5. Mrs. Zamberletti, don't get angry with them!

   _____

CONDIZIONALE PRESENTE
PRESENT CONDITIONAL (II)

14.14 **Andiamo in vacanza!** *Tu e un tuo amico fate dei preparativi per un viaggio (travel arrangements) da un'agenzia di viaggi (travel agency). Usando il condizionale, rispondi alle domande che l'agente fa a te o a te e al tuo amico.*

1. Vi piacerebbe andare in Toscana?

   _____

2. Prenderebbe il treno o la macchina?

   _____

3. Affitterebbero una villa?

   _____

4. Andrebbe in campagna o alle terme?

   _____

5. Vorrebbero noleggiare una macchina?

   _____

6. Farebbe colazione all'albergo?

   _____

7. Preferirebbero la mezza pensione?

   _____

8. Quanto tempo starebbe in Toscana?

   _____

9. Si potrebbero riposare in una città?

   _____

10. Preferirebbe la camera matrimoniale?

   _____

14.15 **Cosa desideri?** *Rispondi alle domande usando il condizionale.*

A. *Cosa cambieresti nella tua vita? (Indica 4 cose che cambieresti.)*

1. _____

2. _____

3. _____

4. _____

B. *Cosa faresti durante un viaggio in Italia? (Indica 4 cose.)*

1. _____

2. _____

3. _____

4. _____

14.16 Cosa vorrebbero fare o non vorrebbero fare? *Completa le frasi usando il condizionale del verbo* **volere**.

1. Il cuoco _____ arrostire il pollo.

2. Gli amici _____ assaggiare l'aragosta.

3. Io _____ restare a casa.

4. Tu non _____ fare il bucato.

5. Noi non _____ stirare le camice.

14.17 *Fa' delle richieste cortesi* (polite). *Rivolgiti alle persone indicate usando il condizionale di* **potere**.

1. (il commesso) _____ mostrarmi i guanti?

2. (i signori Cesarotti) _____ giocare a carte con Augusto?

3. (il cameriere) _____ portarci l'acqua?

4. (la signorina Poletti) _____ darci un panino?

5. (Marcantonio) _____ pulire la camera?

14.18 Consigli. *Fa' un po' di pratica per dare consigli, dicendo alle persone cosa dovrebbero fare. Usa il condizionale di* **dovere**.

1. (Muzio) _____ provare il pesto.

2. (signor Gaslini) _____ comprare l'uva.

3. (i signori Schiacciasassi) _____ guardare l'orario dei treni.

4. (Osvaldo e Isotta) _____ divertirvi.

5. (mamma) _____ friggere gli zucchini.

14.19 *Riscrivi le frasi usando il condizionale.*

1. Parcheggio di fronte alla chiesa. _____

2. Vai fino al ponte. _____

3. Non ritornano in centro. _____

4. Venite in campagna? _____

5. È a due passi dal municipio. _____

6. Ho voglia di andare al grande magazzino. _____

7. Preferisci fare due passi al fiume? _____

8. Sa nuotare in questa fontana? _____

9. Spediamo le lettere in Italia. _____

10. Perchè soffri per il rumore? _____

11. Sento la folla nella strada. _____

12. Ti annoi con il professor Tricarico? _____

13. Quanto spendete per questo ritratto? _____

14. Perchè dà i biscotti ai bambini? _____

15. A che ora parte il treno? _____

16. Faccio la prima colazione dalla nonna. _____

17. Si svegliano tardi. _____

18. Giochiamo a calcio nel giardino pubblico. _____

19. Devi vivere in periferia. _____

20. Vuole traversare al semaforo. _____

◆ ESPRESSIONI NEGATIVE
NEGATIVE EXPRESSIONS (III)

14.20 *Completa le frasi con la forma corretta di* **nessuno**.

1. Non c'è _____ rumore in chiesa.

2. Capisco che non c'è _____ macelleria in questo quartiere.

3. Non finiranno _____ esame.

4. Non avrà _____ stipendio da me.

5. È vero che non c'è _____ vantaggio per guelli che vivono in città?

6. Loro non fanno _____ sport.

14.21 *Riscrivi le frasi con un significato opposto (opposite). Usa* **nessuno**.

1. Chiamerà tutti.

   _____

2. Tutti vivono in periferia.

   _____

3. Tutti abitano in quel quartiere.

   _____

4. Si innamora di tutti.

   _____

14.22 **Il contrario.** *Riscrivi le frasi al negativo, usando* **niente** *o* **nulla**.

1. Suo marito vuole sapere tutto.

   _____

2. Quel vigile vuole fare tutto.

   _____

3. Tutto va bene.

   _____

4. C'è tutto nel grande magazzino.

_____

14.23 *Riscrivi le frasi al negativo, usando* **non...più**.

1. C'è ancora una bella vista.

_____

2. Mio cugino lavora ancora all'ufficio postale.

_____

3. Noi siamo ancora nel viale.

_____

4. Avreste ancora bisogno di un incontro domani?

_____

14.24 **Nè l'uno nè l'altro.** *Riscrivi le frasi al negativo usando* **(non)...nè...hè**.

1. Conosce Fausto e Maurizio.

_____

2. Sa bene l'italiano e il francese.

_____

3. O lui o lei ti aiuterà con il problema.

_____

4. Mangeresti uova e formaggio.

_____

14.25 *Riscrivi le frasi al negativo, usando* **(non)...neanche**.

1. Anch'io comprerò quella rivista.

_____

2. Anche loro si divertiranno.

_____

3. Porteremo anche Filippo al cinema.

_____

4. Ci piacerebbero anche queste statue.

_____

14.26 È il contrario. *Riscrivi le frasi al negativo usando* **(non)...mai** *per dare il significato opposto (opposite).*

1. Giriamo sempre nel viale.

_____

2. Traversa sempre all'angolo.

_____

3. È sempre socievole.

_____

4. Vi riposereste sempre in campagna.

_____

14.27 *Riscrivi le frasi al negativo usando* **non...ancora** *per dare il significato opposto.*

1. Sa già parcheggiare la macchina.

_____

2. Gino ha già diciotto anni.

_____

3. È già inverno.

_____

4. Sono già in macchina.

_____

14.28 *Scrivi l'equivalente delle frasi in italiano.*

1. I don't buy ham anymore.

_____

2. We didn't bring anything.

_____

3. They would go neither to the bridge nor to the river.

_____

4. Don't they ever go to church?

_____

5. No one knows how to park downtown.

_____

6. They aren't even hungry.

_____

14.29 *Completa le seguenti frasi con la parola negativa appropriata.*

1. C'è una gran folla qui, ma io non conosco _____.

2. Il vigile non vuole dire _____.

3. Leggi la rivista? No, non leggo _____.

4. Non c'è rumore a casa perchè ora non c'è _____.

5. Gli studenti nella classe del professor Pisacane non sono bravi perchè non studiano

   _____ per gli esami.

6. La zia non ricorda _____ che per venire a casa nostra

   deve girare a sinistra al semaforo.

7. Ho fatto le compere in centro e ora non ho _____ denaro.

Espansione grammaticale

◆ CONDIZIONALE PASSATO
CONDITIONAL PERFECT

14.30 *Completa le frasi con la forma corretta del condizionale passato.*

1. Io (comprare) _____ quel quadro, ma avevo perso il
   portafoglio.

2. Noi (ordinare) _____ anche il dolce, ma non avevamo
   più fame.

3. Il dottor Pellegrino (andare) _____ alla conferenza, ma si era perso nel traffico.

4. Costanza e Pio (fidanzarsi) _____ , ma hanno litigato.

5. Tu (uscire) _____ per andare al negozio, ma sono arrivati gli zii.

6. Purtroppo voi non (potere) _____ andare in Italia perchè non avevate il passaporto.

7. Loro non (volere) _____ partire perchè era troppo presto.

8. Io (dovere) _____ nuotare, ma avevo troppo freddo.

9. "Gino, (preferire) _____ non mangiare in quel ristorante perchè costava troppo?"

10. Mi ha detto che i suoi amici (arrivare) _____ la prossima settimana.

11. Gli ho scritto che io gli (mandare) _____ un pollo congelato.

12. Le abbiamo domandato perchè (venire) _____ da sola.

13. Noi (assaggiare) _____ il vitello, ma non era fresco.

14. Loro (incontrarsi) _____ sul tetto, ma era troppo pericoloso.

15. Ha scoperto che fra un mese sua suocera (venire) _____ a vivere con lei.

14.31 *Scrivi l'equivalente delle frasi in italiano.*

1. Boris said he would come.

   _____

2. You should have read that magazine.

   _____

3. I explained to him that I would not go.

   _____

4. We could have lived in Italy!

   _____

Scriviamo un po'!

Un dibattito (*debate*)

A. *You have been asked to take part in a debate on the topic* **"È meglio (better) vivere in città che in campagna."** *Choose a side (pro or con) and, on a separate sheet of paper, jot down your ideas and arguments. List specific examples of city or country life to bolster your position, and record possible rebuttals to the arguments and challenges of your opponents.*

B. *Using your notes as a guide, write a summary of your position. Use the conditional tense and negative expressions wherever possible.*

È meglio vivere in _____

_____

_____

_____

_____

_____

_____

_____

_____

_____

_____

_____

_____

_____

_____

C. *Review what you have written, paying special attention to the forms and use of the conditional tense and to negative expressions. Revise your text if necessary.*

◆ ◆ ◆ ◆

Capitolo **15**

L'ecologia e l'ambiente

PER COMINCIARE

15.1 **L'ambiente.** *Dopo che hai studiato le **Parole e espressioni utili** a pagina 335 del libro di testo, identifica quello che vedi nel disegno.*

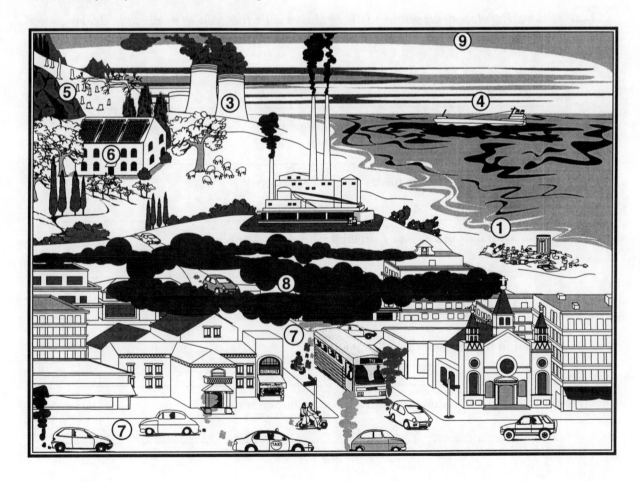

MODELLO   (1) _____ *i rifiuti* _____

(2) _____

(3) _____

(4) _____

(5) _____

(6) _____

(7) _____

(8) _____

(9) _____

◆ PAROLE E ESPRESSIONI UTILI

15.2 *Studia **Parole e espressioni utili**, e poi crea delle frasi con le parole indicate. Aggiungi (add) altre parole se necessarie.*

1. esserci / fare la corsa / smog / impossibile / quando

    _____

2. fumi di scarico / salute / respirare / danneggiare

    _____

3. inquinare / problema / ambiente / fabbrica / essere / pianeta

    _____

4. risorsa naturale / usa e getta / proibire / bisogna / conservare

    _____

15.3 **Cosa fai per l'ambiente?** *Rispondi alle domande.*

1. Cosa fai tu per salvaguardare l'ambiente?

    _____

2. Secondo te, quali sono i problemi ambientali importanti?

    _____

3. Quali prodotti non usi perchè a tuo avviso danneggiano l'ambiente?

_____

4. Lavoreresti per un'azienda che inquina l'ambiente per uno stipendio molto alto?

_____

◆ COMPARATIVI
COMPARATIVES (I)

15.4 A matter of opinion. *Contradict Ernesto, arguing with **meno** to his **più**.*

> MODELLO L'energia nucleare e più importante dell'energia solare.
> *Non è vero, l'energia nucleare è meno importante dell'energia solare.*

1. I fumi di scarico sono più pericolosi dell'effetto serra.

_____

2. La carne è più buona del pesce per la salute.

_____

3. Il vestito di lana è più caldo della minigonna.

_____

4. I mocassini sono più pratici degli stivali.

_____

5. Il giubbotto a quadri è più comodo del cappotto.

_____

6. Le fabbriche inquinano più delle grandi città.

_____

15.5 Non sono d'accordo! *Di solito per Enrica è tutto uguale. Dille che non sei d'accordo, usando il comparativo con **più**.*

> MODELLO Il vino bianco è buono; anche il vino rosso è buono.
> *No, il vino rosso è più buono del vino bianco.*

1. La giacca in pelle è ecologica; anche la giacca in cotone è ecologica.

_____

2. I volontari sono importanti; anche le leggi per l'ambiente sono importanti.

   _____

3. La fuoriuscita del greggio uccide la fauna; anche l'inquinamento uccide la fauna.

   _____

4. Molto sale fa male; anche molto burro fa male.

   _____

5. La raccolta della plastica è necessaria; anche il riciclaggio del vetro è necessario.

   _____

6. L'estinzione degli orsi sarà lenta; anche l'estinzione degli uccelli sarà lenta.

   _____

15.6 *Usando **più** o **meno** e gli aggettivi nella colonna B, scrivi un paragone* (comparison) *tra gli elementi nella colonna A.*

A   **B**

1. mio padre / mia madre   alto   intelligente

   _____   antipatico   interessante

   _____   basso   irresponsabile

2. gli italiani / gli americani   bello   lungo

   _____   bravo   magro

   _____   brutto   nervoso

3. il corso d'italiano / il corso di storia   buono   noioso

   _____   calmo   nuovo

   _____   debole   onesto

4. Aldo Balestra / Bill Clinton   difficile   ottimista

   _____   divertente   piccolo

   _____   elegante   pigro

5. lavorare in una fabbrica / lavorare in un ufficio   forte   simpatico

   _____   generoso   sportivo

   _____   giovane   timido

6. gli orsi / i gatti   grande   vecchio

   _____

   _____

15.7 *Scrivi dei paragoni tra gli italiani e gli americani usando i verbi indicati e dando (giving) una ragione per il paragone. Comincia con "Secondo me..."*

1. _____ comprare

   _____ divertirsi

   dormire

2. _____ gettare

   giocare

   _____ inquinare

3. _____ lavarsi

   lavorare

   _____ leggere

4. _____ litigarsi

   mangiare

   _____ parlare

5. _____ rilassarsi

   rispettare

   _____ salvaguardare

6. _____ spendere

   _____ viaggiare

15.8 **Gemelli (*twins*).** *Mino e Pino Mannino sono gemelli identici. Completa le frasi usando (così)...come o (tanto)...quanto.*

Mino è alto _____ Pino, è intelligente

_____ il fratello e ha gli occhi azzurri

_____ Pino. Nella loro camera hanno le stesse cose: Pino

ha _____ camicie _____ Mino e le sue

cravatte sono belle _____ quelle del fratello. A tutti e due

piace _____ il pollo _____ il maiale.

I due fratelli sembrano proprio la stessa persona: Pino infatti è

_____ muscoloso come Mino e gioca a pallone bene

_____ il fratello. E la madre ama

_____ Pino _____ Mino.

15.9 Che differenza c'è? *In una frase, scrivi un paragone per ogni paio (pair) di immagini.*

1. _____

2. _____

3. _____

4. _____

SUPERLATIVI
SUPERLATIVES (II)

15.10 *Completa le frasi con la forma corretta del superlativo dell'aggettivo in parentesi.*

1. (pericoloso) Questi rifiuti sono _____ del pianeta.

2. (grande) L'inquinamento dell'ambiente è _____ problema del mondo.

3. (bello) Arnold Schwarzenegger è _____ attore del cinema.

4. (felice) Io sono _____ della classe.

5. (intellettuale) Noi siamo _____ dell'università.

6. (atletico) Renato e Norman sono _____ dei miei amici.

15.11 *Scrivi l'equivalente delle frasi in italiano.*

1. I respect the environment more than you.

   _____

2. It is the prettiest plant!

   _____

3. The bear is a larger animal than the bird.

   _____

4. Aldo is slower than I.

   _____

5. I am as well-educated as they.

   _____

6. They have as many plans as I do.

   _____

7. Sofia is the prettiest woman in Italy.

   _____

8. In my opinion, the water here is less polluted.

   _____

◆ COMPARATIVI E SUPERLATIVI IRREGOLARI
IRREGULAR COMPARATIVES AND SUPERLATIVES (III)

15.12 *Scrivi l'equivalente delle frasi in Italiano.*

1. Mr. Hakim is a better lawyer than Mr. Mazzola.

   _____

2. The roast is worse than the pork.

_____

3. I have more fun in the water.

_____

4. You are the least quiet in the family.

_____

5. My best friend is Furio.

_____

6. Erminia is a better cook, but my mother cooks the best steak!

_____

15.13 *Leggi le frasi e sottolinea* (underline) *la parola corretta.*

1. Olaf gioca a bocce *meglio / migliore / ottimo* di Gesualdo.

2. Questi scampi sono *meglio / ottimi / bene.*

3. Abbiamo ordinato delle tagliatelle *migliori/ buonissime/ bene.*

4. Ercole è il *pessimo / cattivo / peggiore* studente della classe.

5. Questa bottiglia di vino è *migliore / buonissima / ottima* di quella.

6. Rosina mangia *minimo / meno / minore* di tutti.

◆ **AVVERBI**
ADVERBS (IV)

15.14 *Riscrivi le frasi usando un avverbio al posto delle parole in corsivo (**in modo** = in a manner; **in modo faticoso = faticosamente**).*

1. La fabbrica avrebbe danneggiato l'ambiente *in modo pericoloso.*

_____

2. Fabio si veste *in modo elegante.*

_____

3. Il professor Casimiro parlava *in modo intelligente.*

_____

4. Hanno giocato a calcio *in modo dinamico*.

_____

5. Non ha spiegato la conferenza *in modo facile*.

_____

6. Peccato che tu non studi *in modo regolare*!

_____

7. Si sono salutati *in modo gentile*.

_____

8. Ettore protegge *in modo sincero* l'estinzione degli uccelli nel parco.

_____

15.15 *Riscrivi la frase usando un avverbio invece delle parole in corsivo. Ricorda di mettere l'avverbio nella posizione giusta.*

1. *È naturale come* ballano quei giovani al Club Hollywood!

_____

2. *È certo che* lo zio parteciperà alla raccolta del vetro.

_____

3. *È difficile che* domani ci vedremo a caccia.

_____

4. *Saranno stanchi mentre* giocheranno a calcio.

_____

5. *Saranno lente mentre* faranno due passi.

_____

6. *È irresponsabile quando* lui getta i rifiuti nel bosco.

_____

15.16 *Scrivi l'equivalente delle frasi in italiano.*

1. He writes worse than I (do).

_____

2. We breathe better when the air is not polluted.

_____

3. I like sweets the most!

_____

4. They have respected the environment very much.

_____

5. Detergents have a worse effect than plastic on water.

_____

6. You have diminished your waste a lot.

_____

Scriviamo un po'!

Un rapporto (*report*) sull'ambiente

A. Imagine that you have just visited an Italian city or national park gathering information about the environment. On a separate sheet of paper, list the ecological problems you encountered: air/water/noise pollution? depletion of the ozone layer? smog and/or auto emissions? limited recycling? destruction of natural resources? hunting? Assess the severity of these problems (using comparatives and superlatives) and jot down suggestions for solving them.

B. Using your notes as a guide, write a brief report.

Un rapporto sull'ambiente

_____

_____

_____

_____

_____

_____

_____

_____

_____

_____

_____

_____

_____

C. Review what you have written, paying special attention to the comparative and superlative forms. Revise your text if necessary.

Capitolo 16

La musica e le canzoni

◆ **PER COMINCIARE**

16.1 **La musica e le canzoni.** *Completa ogni frase con la parola o espressione suggerita dal disegno.* (Note: This activity is based on the ***Parole e espressioni utili,*** page 360 of the textbook.)

1.

Questa _____ canta nell'*Aida* di

Verdi.

2.

In queste _____ suona un

gruppo italiano di jazz.

3.

Il pubblico _____ il baritono

perchè è bravo.

4. 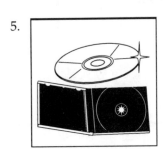 Il pubblico _____ il tenore

perchè non canta bene.

5.  Ti piace questo _____ di canzoni

napoletane?

6.  Il basso canta un' _____ famosa

dal *Barbiere di Siviglia*.

7.  A Riccardo piace suonare il violino ed è abbastanza bravo,

ma è solamente un _____ .

8. Lisa non va all'opera perchè preferisce la

_____ .

◆ INCONTRI

16.2 *Scrivi l'equivalente delle frasi in italiano.*

1. What instrument do you play?

   _____

2. Pavarotti is a very good singer.

   _____

3. I used to like classical music.

   _____

4. They don't know any operas and never go to the theater.

   _____

5. I listen to the radio a lot.

   _____

◆ PRONOMI RELATIVI
RELATIVE PRONOUNS (I)

16.3 **D'accordo!** *Rispondi alle domande con* **sì**, *usando il pronome relativo* **cui** *dopo la preposizione.*

MODELLO   Esci con quegli amici? _____ *Sì, sono gli amici con cui esco.* _____

1. Hai pagato molto per questo CD?

   _____

2. Hai imparato il flauto in questo conservatorio?

   _____

3. Hai suonato la musica su questo pianoforte?

   _____

4. Hai sorriso a quel soprano?

   _____

5. Hai parlato con quel pianista?

_____

6. Hai giocato con quei ragazzi?

_____

16.4 *Riscrivi le frasi cominciando con **C'è** o **Ci sono** e usando il pronome relativo **che**.*

MODELLO   Il pianista suona con la cantante.
           *C'è un pianista che suona con la cantante.*_____

1. Molti hanno comprato i biglietti.

_____

2. Alcuni irresponsabili hanno fischiato il tenore.

_____

3. Sua moglie ha indossato un abito nero.

_____

4. I miei amici sono arrivati tardi al concerto.

_____

5. Mio nonno ama il rap.

_____

6. Molti italiani vanno all'opera.

_____

7. Questo violinista suona veramente bene.

_____

8. I suoi figli hanno studiato al conservatorio.

_____

16.5 *Completa le seguenti frasi.*

1. Ecco il tenore di cui _____.

2. Ho ascoltato un concerto che _____.

3. Il cantautore a cui telefono _____.

4. Non era un soggetto che _____.

5. La festa a cui siamo andati _____ .

6. Hanno visto un chitarrista che _____ .

16.6 Li hai visti? *Scrivi una domanda per ogni frase usando* **Hai visto** *e il pronome relativo* **che**.

MODELLO   Quell'uomo scende dal palcoscenico.
_Hai visto quell'uomo che scende dal palcoscenico?_____

1. Quella bambina sorride alla mamma.

   _____

2. Quei ragazzi apprezzano la lirica.

   _____

3. Quel professore grida frequentemente.

   _____

4. Quegli studenti applaudono il cantante.

   _____

5. Quel pianista suona soavemente.

   _____

6. Quei bambini fischiano allegramente.

   _____

16.7 *Rispondi alle domande con* **sì**, *usando il pronome relativo* **cui** *dopo una preposizione*.

MODELLO   Pensi a quel film?
_Sì, è il film a cui penso._____

1. Sei uscito con quel baritono?

   _____

2. Avete parlato con quei signori?

   _____

3. Hai sorriso a quella ragazza?

   _____

4. Siete stati in quella pensione?

   _____

5. Scrive di quel famoso soprano?

_____

6. Hai spiegato il sogno a quel dottore?

_____

16.8 _Unisci (combine) le due frasi usando un pronome relativo,_ **cui** _o_ **che,** _secondo il caso (as appropriate)._

MODELLO   Sto in una pensione. La pensione è in via Tasso.
La pensione in cui sto è in via Tasso.
_____

1. Hanno parlato con una ragazza. La ragazza è mia sorella.

_____

2. Sorridiamo a una professoressa. La professoressa è Amalia Spilabotte.

_____

3. Hai cenato al ristorante. Il ristorante si chiama Da Barracca.

_____

4. Ha suonato il violino. Il violino è di Stradivari.

_____

5. Abbiamo applaudito il tenore. Il tenore ha interpretato un'aria famosa.

_____

6. Visiteremo un'antica città. La città è Pompei, vicino a Napoli.

_____

16.9 _Completa le frasi con uno di questi pronomi:_ **chi, che** _o_ **cui.**

1. _____ mangerà tutto avrà il dolce.

2. La partita a _____ andiamo comincerà all'una.

3. L'attore _____ ha recitato la parte di Amleto è molto giovane.

4. C'è una sedia per _____ è stanco.

5. Il sogno di _____ ti ho parlato era molto strano.

6. _____ conosce bene il dottor Cucci sa che si riposa sempre di pomeriggio.

7. Al cinema c'era _____ si annoiava e _____ si addormentava.

8. Nell'ospedale c'è un infermiere _____ non si lava mai le mani ed è poco gentile.

9. _____ va piano va sano e va lontano.

10. I cantanti _____ abbiamo ascoltato sono Pavarotti e Cialdoni.

16.10 *Scrivi l'equivalente delle frasi in italiano.*

1. Those who want to have a good time should listen to live music.

   _____

2. Whoever goes to the party must arrive early.

   _____

3. The man with whom she is walking is a famous tenor.

   _____

4. I don't know whom it is for.

   _____

5. The instrument you are talking about costs a lot.

   _____

6. With whom did you go?

   _____

7. An amateur played the music that we listened to on the radio.

   _____

8. The person whom you met is her older brother.

   _____

9. I will do whatever I want.

   _____

10. It is not what they said!

   _____

16.11 **La tua opinione.** *Quale strumento musicale avrebbero dovuto suonare i musicisti nelle illustrazioni invece dello strumento che vedi? Usa un pronome relativo e un verbo nel condizionale passato.*

MODELLO   *La ragazza che suona il sassofono avrebbe dovuto suonare la batteria.*

1. _____

2. _____

3. _____

4. _____

AGGETTIVI INDEFINITI
INDEFINITE ADJECTIVES (II)

16.12 **Sì, ho fatto tutto.** *Rispondi alle domande con* **sì** *usando una forma di* **tutto** *e l'articolo determinativo.*

MODELLO   Hai mangiato la carne?
           Sì, ho mangiato tutta la carne. _____

1. Hai applaudito i cantanti?

   _____

2. Hai ascoltato l'opera?

   _____

3. Hai ammirato i capolavori?

   _____

4. Hai giocato la partita?

   _____

5. Hai spiegato le parole?

   _____

6. Hai invitato gli amici?

   _____

7. Hai scritto la lettera?

   _____

8. Hai bevuto il vino?

   _____

16.13 *Scrivi l'equivalente delle frasi in italiano.*

1. You may have anything.

   _____

2. Every day I forget my homework.

   _____

3. We will stay all night in Amalfi.

   _____

4. Did you say that you like any Italian dish?

_____

PRONOMI INDEFINITI
INDEFINITE PRONOUNS (III)

16.14 *Completa le frasi con un pronome indefinito, secondo il caso:* **ognuno(a), qualcuno(a), qualcosa, tutti(e), tutto.**

1. Sarà una festa bellissima: abbiamo invitato molti amici e

   _____ verrà.

2. _____ mi può aiutare con i compiti?

3. _____ fischieranno quel cantante.

4. Quando sono Da Barracca, il mio ristorante preferito, voglio mangiare

   _____ .

5. Vorrei trovare _____ da portare al compleanno di Armando.

6. Nessuno mi ha scritto l'anno passato, ma sono certo che

   _____ mi scriverà per Natale.

7. È vero che _____ saranno al concerto dei fratelli Sanzogno?

8. Se _____ andranno al veglione di Gennaro,

   _____ dovrà comprare _____ .

16.15 *Scrivi l'equivalente delle frasi in italiano.*

1. Is anyone here?

   _____

2. I would like to buy everything!

   _____

3. Yesterday we went to a concert with somebody whom I didn't know.

   _____

4. Do you want anything?

   _____

5. They invited everyone to whistle that famous song.

   _____

6. Did you say "sweets?" I ate some this afternoon!

   _____

Espansione grammaticale

IL GERUNDIO E IL PRESENTE PROGRESSIVO
THE GERUND AND THE PRESENT PROGRESSIVE

16.16 *Riscrivi le frasi usando un gerundio al posto del verbo coniugato preceduto da* **mentre** *o* **quando***.*

> MODELLO   Quando stiamo davanti alla televisione, non pensiamo.
> *Stando davanti alla televisione, non pensiamo.*

1. Quando loro ballano, si divertono.

   _____

2. Quando voglio mangiare bene, vado al mio ristorante preferito.

   _____

3. Mentre finiva di lavarsi, Gennarino fischiava una canzone.

   _____

4. Mentre andavi a cavallo, hai visto un tacchino.

   _____

5. Quando fate la ginnastica, vi rilassate.

   _____

6. Mentre suonava la fisarmonica, Heinz sorrideva alla nonna.

   _____

7. Mentre guidavo a Napoli, avevo paura.

   _____

8. Quando ritorneranno a Piscinola, passeranno per Mugnano.

___

16.17 Faccio molte cose studiando. *Esprimi che altro fai quando studi, usando il gerundio.*

1. Io studio (guardare) _____ la televisione.

2. Io studio (restare) _____ a letto.

3. Io studio (pensare) _____ al mare.

4. Io studio (mangiare) _____ i dolci.

5. Io studio (bere) _____ molto caffè.

6. Io studio (essere) _____ stanco.

7. Io studio (avere) _____ sonno.

8. Io studio (fare) _____ colazione.

16.18 *Completa le frasi con un gerundio e altre parole se necessarie.*

1. Il soprano mangiava il pollo _____.

2. L'orchestra accompagnava i cantanti _____.

3. Il professor Danesi e la signora Girelli hanno litigato

   _____.

4. Io ho sciato _____.

5. Voi avete disegnato quel ritratto _____.

6. Noi siamo entrati in casa _____.

Scriviamo un po'!

Io e la musica.

A. You are a talented musician/singer applying to the Conservatorio San Pietro a Maiella in Naples. Along with your application, you need to include a summary of your musical accomplishments and aspirations. On a separate sheet of paper, note the instrument(s) you play and/or your vocal type, your musical background and training, the kind(s) of music you prefer (**sono appassionato(a) di**) and want to specialize in (**specializzarsi**), your professional career goals (**vorrei seguire una carriera musicale perchè...**), and other pertinent information.

B. Using your notes as a guide, write your summary. Include relative pronouns (**che, cui, chi, quello che**) and indefinite adjectives and pronouns (**ogni/ognuno, alcuni, tutto...**) wherever possible.

Io e la musica

_____

_____

_____

_____

_____

_____

_____

_____

_____

_____

_____

_____

_____

_____

C. Review what you have written, paying special attention to the relative pronouns and indefinite adjectives/pronouns you have used. Revise your text if necessary.

Capitolo **17**

I mezzi di comunicazione

PER COMINCIARE

17.1 **Programmi TV.** *Rispondete alle domande in italiano secondo i programmi TV.*

RAIUNO	`001`	**RAIDUE**	`002`

RAIUNO `001`

6.45 Attualità: **Uno mattina.** Con Livia Azzariti, Luca Giurato; (7, 8, 9, 9.30) **Tg1 Mattina**; (7.30, 8.30) **Tg1 Flash**; (7.35) **Economia.** *53729597*
9.35 Film: **«Adamo ed Evelina»** (comm., G.B., 1949). Con Jean Simmons, Stewart Granger. *1042001*
11.10 Attualità: **Verdemattina.** Con Luca Sardella; (11.30) **Tg1 - Da Napoli.** *6219952*
12.25 Che tempo fa. *6532865*
12.30 Tg1 - Flash. *77556*
12.35 Telefilm: **«La signora in giallo».** «Omicidio in chiave minore». Con Angela Lansbury. *3340469*
13.30 Tg1 - Telegiornale. *16310*
13.55 Attualità: **Cover.** Supplemento del Tg1. *4878198*
14.00 Tg1 - Economia. *24339*
14.05 Varietà: **Pronto? Sala giochi.** *5126778*
15.45 Varietà per ragazzi: **Solletico.** *6379049*
18.00 Tg1 - Telegiornale. *17914*
18.10 Attualità: **Italia sera.** *621933*
18.50 Varietà: **Luna Park.** Con Mara Venier; nel programma (19.35) **Che tempo fa.** *2089484*
20.00 Tg1 - Telegiornale; (20.30) Tg1 - Sport. *67117*
20.35 Varietà: **Luna park - La zingara.** *6126488*
20.45 Attualità: **Il fatto** di E. Biagi. *9359420*
20.50 Filmtv: **«Una gelata precoce»** (dr., Usa, 1985). Regia di John Erman. Con Gena Rowlands, Ben Gazzara. *75606488*
23.00 Tg1 - Telegiornale. *47117*
23.05 Attualità: **Cliché.** Conduce Carmen Lasorella. *7632865*
24.00 Tg1 - Notte; Agenda; Zodiaco; Chiacchiere; Che tempo fa. *5575*
0.30 Attualità: **Magico e nero.** *6182860*
0.40 Attualità: **MediaMente.** *7236082*
1.00 Attualità: **Sottovoce.** Con Gigi Marzullo. *4438060*
1.15 Film: **«Ecce bombo».** *6848605*

RAIDUE `002`

9.30 Attualità: **Ho bisogno di te.** *4720488*
9.40 Attualità: **Fuori dai denti.** *3320204*
9.45 Attualità: **Sereno variabile.** *6362827*
10.55 Attualità: **Ecologia domestica.** *11668285*
11.30 Tg2 - Medicina Trentatré. *9239020*
11.45 Tg2 - Mattina. *2937575*
12.00 Varietà: **I fatti vostri.** Con Giancarlo Magalli. (Prima parte). *78556*
13.00 Tg2 Giorno; (13.30) Tribuna elettorale. (13.50) Meteo 2. *87204*
14.00 Attualità: **Bravo chi legge.** *15681*
14.05 Per ragazzi: **Quante storie! Flash.** *6736223*
14.15 Varietà: **I fatti vostri.** Con Giancarlo Magalli (2ª parte). *1219001*
14.40 Teleromanzo: **«Quando si ama».** *284681*
15.10 Teleromanzo: **«Santa Barbara».** *2729556*
16.00 Tg2 - Flash. *84759*
16.05 Attualità: **L'Italia in diretta.** Con Alda D'Eusanio; nel programma (17.15) **Tg2 - Flash.** *6163020*
18.00 Attualità: **In viaggio con Sereno variabile.** *15556*
18.10 Attualità: **Bravo chi legge.** *3898223*
18.20 Tg2 - Flash; TgS - Sportsera. *3002925*
18.45 Telefilm: **«L'ispettore Tibbs».** *3150846*
19.35 TgS - Lo sport; (19.45) Tg2 Flash. *201372*
19.50 Varietà: **Go-Cart.** Con Maria Monsé. *2347846*
20.30 Tg2 - Sera. *91865*
20.50 Film: **«I due carabinieri»** (comm., It., 1984). Regia di Carlo Verdone. Con Enrico Montesano, Carlo Verdone. *75696001*
22.55 Attualità: **L'errore.** *1087488*
23.55 Tg2 - Notte; Meteo 2. *2863759*
0.35 Varietà: **Piazza Italia di notte.** *7295112*
0.45 Musica: **Tenera è la notte.** *3854686*
1.40 Teleromanzo: **«Destini».** *5187150*
2.25 Varietà: **Separé.** Con Gianni Morandi. *1704599*

```
┌──────────────────────────────────────────────────────────────────────────────┐
│ RAITRE ▓▓▓▓▓▓▓▓▓▓▓▓▓▓▓▓▓▓▓▓▓ 003    CANALE 5 ▓▓▓▓▓▓▓▓▓▓▓▓▓▓ 005                 │
│  8.30 Film: «Il massacro di Fort Apache» (west.,    8.45 Attualità: Maurizio Costanzo│
│       Usa, 1948). 5355372                                 Show. Replica. 18782049    │
│ 10.30 Attualità: Videosapere. 408049               11.30 Attualità: Forum. Con Rita Dalla│
│ 12.00 Tg3 - Da Milano; (12.20): Telesogni. (13.35):      Chiesa e Sante Licheri. 119643│
│       VideoZorro. 685136                           13.00 Tg5 - Pomeriggio. 73117      │
│ 14.00 Tg Regionali; (14.20) Tg3 - Pomeriggio. Meteo 3. 6701049  13.25 Attualità: Forum. Con Rita Dalla│
│ 14.50 Attualità: TgR - Eurozoom. 6734865                 Chiesa e Santi Licheri. 2910643│
│ 15.00 Musica: Prima della prima. 33049             13.40 Teleromanzo: «Beautiful». Con│
│ 15.30 Sport: Pomeriggio sportivo. (15.50) Calcio         Ron Moss. 4358198          │
│       dilettanti; (16.10): Hoc-                    14.15 Telefilm: «I Robinson». 173001│
│       key su ghiaccio. (16.45) Kickboxing femminile. 1684865  14.45 Varietà: «Casa Castagna». Con│
│ 17.00 Attualità: Alle cinque della sera. Con Marta Flavi. 39827  Alberto Castagna. 6277914│
│ 17.55 Documenti: Geo. «I monti Cimini - La selva e 16.00 Varietà per ragazzi. 310310 │
│       il lago». 93914                              18.00 Gioco: Ok, il prezzo è giusto!│
│ 18.25 Attualità: La testata. 656038                      Con Iva Zanicchi. 10020     │
│ 19.00 Tg3; (19.35) TgR - Tg Regionali. 5914        19.00 Gioco: La ruota della fortuna.│
│ 19.55 TSP-Tribuna elettorale; (20.20) Blob. Di tutto    Con Mike Bongiorno. 3204    │
│       di più. 827                                  20.00 Tg5 - Telegiornale. 18020    │
│ 20.30 Attualità: Mi manda Lubrano. Con Antonio Lubrano. 71730│
│ 22.30 Tg3 - Ventidue e trenta; (22.40) Tg Regionali. 28448│
│ 22.45 Tribuna elettorale. 7628662                  │
│ 23.50 Telefilm: «Viaggiatori delle tenebre». 2853372│
└──────────────────────────────────────────────────────────────────────────────┘
```

RAIUNO

1. Che tipo di film è «Adamo ed Evelina»?

_____

2. Chi è la star del telefilm che si trasmette alle 12.35?

_____

3. Chi è il regista del film che si trasmette alle 20.50?

_____

RAIDUE

4. Quanti teleromanzi si trasmettono?

_____

5. In quante parti si trasmette «I fatti vostri»?

_____

6. A che ora si trasmettono?

_____

7. A che ore si trasmette "Meteo?"

_____

RAITRE

8. Dove hanno girato «Il massacro di Fort Apache»?

_____

9. Quali sport si trasmettono?

_____

CANALE 5

10. A che ora si possono vedere giochi?

_____

11. Quali programmi americani corrispondono ai programmi italiani «Ok, il prezzo è giusto!» e «La ruota della fortuna»?

_____

17.2 **I tuoi programmi preferiti.** *Dopo che leggi* **Per cominciare** *e dopo che studi* **Parole e espressioni utili**, *rispondi alle domande.*

1. Qual è il tuo programma preferito alla televisione?

_____

2. A che ora va in onda il tuo programma preferito?

_____

3. Chi è l'animatore/animatrice o presentatore/presentatrice che preferisci?

_____

4. Perchè ti piace?

_____

◆ CONGIUNTIVO PRESENTE
PRESENT SUBJUNCTIVE (I)

17.3 *Completa le frasi con le forme del congiuntivo presente.*

1. Mario vuole che io (parlare) _____ piano.

              lui _____ piano.

              noi _____ piano.

              loro _____ piano.

              voi _____ piano.

              Lei _____ piano.

2. Desidera che io (leggere) _____ il libro.

           tu _____ il libro.

        Cira _____ il libro.

        noi _____ il libro.

    le ragazze _____ il libro.

        voi _____ il libro.

3. Noi speriamo che tu (capire) _____ tutto.

        lui _____ tutto.

      loro _____ tutto.

       Lei _____ tutto.

       voi _____ tutto.

        io _____ tutto.

4. Mario preferisce che io (avere) _____ l'ombrello.

      loro _____ l'ombrello.

        tu _____ l'ombrello.

       noi _____ l'ombrello.

        lei _____ l'ombrello.

       voi _____ l'ombrello.

5. È possibile che tu (essere) _____ al telefono.

       voi _____ al telefono.

      loro _____ al telefono.

    Giorgio _____ al telefono.

        io _____ al telefono.

       lei _____ al telefono.

17.4 *Riscrivi le frasi sostituendo l'infinito del verbo con il soggetto in parentesi usato come soggetto di una proposizione secondaria con il congiuntivo presente.*

MODELLO   È possibile ascoltare la telenovela. (tu)
            È possibile che tu ascolti la telenovela.

1. Penso di andare allo spettacolo. (lui)

   _____

2. Crediamo di fare un viaggio. (tu)

   _____

3. È possibile finire presto. (io)

   _____

4. Desideri stare in Italia. (voi)

   _____

5. Dubitate di essere al dibattito. (noi)

   _____

6. Voglio conoscere quella stella del cinema. (lui)

   _____

7. Speri di vedere quella commedia. (io)

   _____

8. Dubita di capire quel gioco. (tu)

   _____

9. Bisogna sapere usare il telecomando. (voi)

   _____

10. Le piace andare al circolo di nuoto. (loro)

   _____

11. Sono felice di uscire con i miei amici. (lui)

   _____

12. Desideriamo venire alla festa. (tu)

   _____

13. Volete mangiare al ristorante. (noi)

   _____

14. Ha paura di non finire il ritratto. (io)

_____

15. È importante abbassare il volume. (voi)

_____

17.5 Domande e risposte. *Completa le frasi con la forma corretta del verbo al congiuntivo presente.*

1. "Vede un telefilm Gino?"

   "Sì, credo che lui _____ al telefilm."

2. "È vero che i tuoi genitori escono spesso?"

   "No, dubito che loro _____ spesso."

3. "Ci credi se noi diciamo che le notizie sono buone?"

   "Sì, penso che voi _____ la verità."

4. "Ti daranno un telefonino per il compleanno?"

   "Sì, spero che me lo _____ : ne ho bisogno!"

5. "È vero che voi volete fidanzarvi in maggio?"

   "Sì è possibile che noi _____ fidanzarci in maggio."

6. "Posso venire con te in macchina?"

   "Sì, preferisco che tu _____ con me in macchina."

7. "Devono mettersi l'abito elegante per il dibattito?"

   "No, penso che loro non _____ mettersi l'abito elegante."

8. "Vi piace quel presentatore odioso?"

   "No, abbiamo paura che non ci _____ ."

17.6 Presente indicativo o congiuntivo presente? *Completa le frasi con la forma corretta del verbo in parentesi secondo il contesto.*

1. È chiaro che tu (essere) _____ troppo giovane per vedere quel programma.

2. Credo che il volume (essere) _____ troppo alto.

3. Vedo un uomo che (portare) _____ una cravatta gialla a quadri.

4. Siamo contenti che quel documentario (finire) _____ oggi.

5. Zaccaria è certo che il programma (andare) _____ in onda all'una.

6. Devo comprare un libro che (essere) _____ molto difficile per il mio corso all'università.

7. Siamo tristi che i nostri amici non (potere) _____ essere con noi.

8. Voglio vedere quel programma che (insegnare) _____ a preparare piatti italiani.

9. Mio padre vuole che io non (uscire) _____ questa sera.

10. Horst teme che il treno (arrivare) _____ in ritardo.

17.7 *Scrivi l'equivalente delle frasi in italiano.*

1. It is important for her to come tomorrow.

   _____

2. I want you to see the play.

   _____

3. They hope to watch the television tonight.

   _____

4. Do you think I am surprised?

   _____

5. It is sad that they have to go.

   _____

6. He likes his parents to have a good time with their grandchildren.

   _____

7. The television set that I am buying is very good and doesn't cost a lot.

   _____

8. You are afraid that you are not going.

   _____

CONGIUNTIVO PASSATO
PAST SUBJUNCTIVE (II)

17.8 Usa la tua fantasia! *Completa le frasi con un congiuntivo presente o congiuntivo passato secondo il contesto.*

1. Credo che i miei amici ieri _____.

2. Il professore dubita che gli studenti _____
   per l'esame della settimana scorsa.

3. Mia madre spera che il telegiornale domani _____.

4. Sembra che l'altra sera il tenore _____.

5. Ho paura che gli spot televisivi di questi giorni _____.

6. Mia madre pensa che l'estate passata io _____.

7. È importante che voi questa sera all'opera _____.

8. Loro temono che tu la settimana passata _____ alla festa.

9. Ci piace che voi oggi _____ la carne a pranzo.

10. Noi non crediamo che ieri Igor _____ al concerto.

17.9 Che cosa fanno? *Guarda le fotografie e scrivi cosa tu pensi che facciano o abbiano fatto queste persone.*

1. _____

2. _____

3. _____

4. _____

5. _____

CONGIUNTIVO DOPO LE CONGIUNZIONI

SUBJUNCTIVE AFTER CONJUNCTIONS (III)

17.10 *Completa le frasi con la forma corretta del congiuntivo presente o del congiuntivo passato, secondo il contesto.*

1. Ascanio esce di sera a meno che non ci (essere) _____ una telenovela.

2. Benchè io (abitare) _____ ancora in montagna, non so sciare.

3. Tu giochi bene a calcio sebbene tu non (giocare) _____ mai da bambino.

4. I genitori di Nennella lavorano affinchè lei (potere) _____ laurearsi all'università.

5. Io preparerò la cena stasera purchè i ragazzi (fare) _____ tutti i compiti prima.

6. Nonostante che voi non (suonare) _____ mai uno strumento, ora siete appassionati di musica classica.

7. Nando abbassa il volume perchè Marcello (finire) _____ di piangere.

8. Tu abiterai a Matera a condizione che le case non (essere) _____ troppo care.

17.11 *Scrivi l'equivalente delle frasi in italiano.*

1. We will listen to the news unless it is too late.

   _____

2. I will come provided that you go.

   _____

3. He is happy while he is living in Cugnoli.

   _____

4. Although I do not feel well, I'm glad I'm here.

   _____

5. You will rest so that you can work all night.

   _____

6. I do the dishes so that my wife will be able to play with the children.

   _____

Espansione grammaticale

◆ CONGIUNTIVO IN PROPOSIZIONI RELATIVE
SUBJUNCTIVE IN RELATIVE CLAUSES (I)

17.12 *Scegli (choose) tra l'uso del congiuntivo e quello dell'indicativo. Completa le frasi con la forma corretta del congiuntivo presente o dell'indicativo presente, secondo il contesto.*

1. Mike Buongiorno è il presentatore più bravo che io _____ .

2. Come animatore, Gerri Scotti _____ meno bravo di Fabrizio Frizzi.

3. "Ok, il prezzo è giusto" è il solo programma alla televisione che io _____ .

4. Marco non _____ solo stanco, _____ anche fame.

5. Questa _____ la prima volta che loro _____ in Italia.

6. Il primo anno dell'università _____ il più difficile.

7. È vero che nessuno _____ al dibattito questa sera?

8. Non conosco nessuno che _____ il canone televisivo.

9. Francesca legge molti libri, ma non c'è niente che lei _____ che io

   penso _____ importante.

10. Sono caduto ma il braccio sta bene: non ti preoccupare, non _____
    niente.

◆ CONGIUNTIVO DOPO ESPRESSIONI INDEFINITE
SUBJUNCTIVE AFTER INDEFINITE EXPRESSIONS (II)

17.13 *Scrivi la forma corretta dell'indicativo presente o del presente del congiuntivo, secondo il contesto.*

1. Ti seguirò dovunque tu (andare) _____.

2. Chiunque le (scrivere) _____ una lettera, Piera sarà felice.

3. In quel negozio c'è qualcosa che mi (piacere) _____.

4. C' (essere) _____ qualcuno in casa?

5. Comunque Osvaldo (insistere) _____ per venire a casa mia, io non lo
   inviterò mai.

6. Al telefono c'è qualcuno che (volere) _____ parlare con Sirio.

7. In questo programma di attualità, ci sono alcune cose che non (desiderare)

   _____ sapere.

8. In quel ristorante, qualsiasi cosa che tu (mangiare) _____ sarà sublime.

17.14 *Scrivi l'equivalente delle frasi in italiano.*

1. Whatever program you watch, you will fall asleep.

   _____

2. It is the only friend I have ever had.

   _____

3. Wherever Sofia goes, I will go with her.

_____

4. No matter how the students work, the professors will always be happy.

_____

 CONGIUNTIVO DOPO *PRIMA CHE* E *SENZA CHE*
THE SUBJUNCTIVE AFTER *PRIMA CHE* AND *SENZA CHE* (III)

17.15 *Scrivi l'equivalente delle frasi in italiano.*

1. I will go before she arrives.

_____

2. You wash before you get dressed.

_____

3. They will have a good time without seeing a movie.

_____

4. Petunia must meet her relatives without her husband being there.

_____

Scriviamo un po'!

La TV americana

A. *Imagine that you are an Italian reporter in the U.S. assigned to write an article about American television. On a separate sheet of paper, jot down the kinds of shows you have sampled: news, weather, sports, movies, sitcoms, talk shows, variety shows, game shows ... Record your opinions of each (**credo/penso/mi sembra che...**), express your reactions (**sono contento/a, sono sorpreso/a, ho paura che...**), and note your hopes and wishes for the future (**spero/voglio/ preferisco che...**). Include any other impressions that will help inform your Italian readers about American TV.*

B. *Using your notes as a guide, write a summary of the article you will publish.*

La TV americana

_____

_____

_____

_____

_____

_____

_____

_____

_____

_____

_____

_____

C. *Review what you have written, paying special attention to the forms and use of the subjunctive. Revise your text if necessary.*

Capitolo 18

Gli italiani in America

◆ PER COMINCIARE

18.1 **Gli Yankee d'Italia.** *Rispondi alle domande in italiano secondo l'illustrazione.*

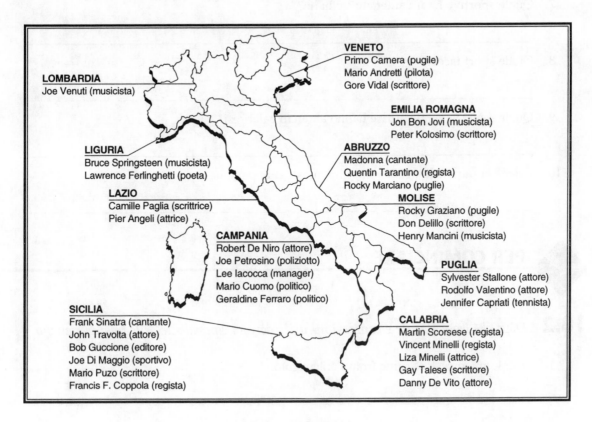

LOMBARDIA
Joe Venuti (musicista)

VENETO
Primo Carnera (pugile)
Mario Andretti (pilota)
Gore Vidal (scrittore)

EMILIA ROMAGNA
Jon Bon Jovi (musicista)
Peter Kolosimo (scrittore)

LIGURIA
Bruce Springsteen (musicista)
Lawrence Ferlinghetti (poeta)

ABRUZZO
Madonna (cantante)
Quentin Tarantino (regista)
Rocky Marciano (puglie)

LAZIO
Camille Paglia (scrittrice)
Pier Angeli (attrice)

MOLISE
Rocky Graziano (pugile)
Don Delillo (scrittore)
Henry Mancini (musicista)

CAMPANIA
Robert De Niro (attore)
Joe Petrosino (poliziotto)
Lee Iacocca (manager)
Mario Cuomo (politico)
Geraldine Ferraro (politico)

PUGLIA
Sylvester Stallone (attore)
Rodolfo Valentino (attore)
Jennifer Capriati (tennista)

SICILIA
Frank Sinatra (cantante)
John Travolta (attore)
Bob Guccione (editore)
Joe Di Maggio (sportivo)
Mario Puzo (scrittore)
Francis F. Coppola (regista)

CALABRIA
Martin Scorsese (regista)
Vincent Minelli (regista)
Liza Minelli (attrice)
Gay Talese (scrittore)
Danny De Vito (attore)

1. Quanti cantanti hanno antenati italiani? Chi sono?

_____

2. Quanti musicisti hanno antenati italiani? Chi sono?

_____

_____

3. Quanti registi hanno antenati italiani? Chi sono?

_____

_____

4. Chi sono i tre pugili italo-americani?

_____

5. Da quale regione viene l'antenato di un eminente poeta?

_____

6. Da quale regione vengono gli antenati di due famosi politici?

_____

7. Quale sportivo ha un antenato siciliano?

_____

8. Quale sport faceva?

_____

9. Quale regista e quale attrice hanno antenati calabresi?

_____

10. Qual è la parentela (_relationship_) fra queste due persone?

_____

◆ **PER COMINCIARE**

18.2 _Dopo che leggi_ **Parole e espressioni utili**, _scrivi l'equivalente delle frasi in italiano._

1. I think my ancestors came from Panicuocolo.

_____

2. We don't have any money, so we will have to find employment.

_____

3. When Mario gets married, he will settle down in Vallo di Lucania.

    _____

4. It is impossible that the border's too far.

    _____

◆ IMPERFETTO DEL CONGIUNTIVO
IMPERFECT SUBJUNCTIVE (I)

18.3 **Sembra così!** *Riscrivi le frasi, cominciando con **Sembrava**, e cambia il congiuntivo presente all'imperfetto del congiuntivo.*

1. Sembra che tuo marito venga da Licata.

    _____

2. Sembra che quel denaro sia del muratore.

    _____

3. Sembra che io non abbia i documenti.

    _____

4. Sembra che noi dobbiamo lasciare il paese.

    _____

5. Sembra che i frati mangino bene.

    _____

6. Sembra che tu finisca il giornale.

    _____

7. Sembra che la monaca si riposi.

    _____

8. Sembra che io non veda niente.

    _____

9. Sembra che noi non leggiamo l'orario dei treni.

    _____

10. Sembra che i musicisti temano quel lavoro.

    _____

11. Sembra che tu offra un brindisi.

_____

12. Sembra che voi abbiate un impiego.

_____

13. Sembra che quel pugile sia troppo nervoso.

_____

14. Sembra che io non stia bene.

_____

15. Sembra che noi partiamo subito.

_____

18.4 È proprio così! _Rispondi alle domande in senso positivo usando l'imperfetto dell'indicativo e l'imperfetto del congiuntivo._

MODELLO   Credi che sia tardi?
          Sì, credevo che fosse tardi.

1. Hai paura che tuo fratello non si diverta?

_____

2. Temi che quell'impiego non paghi bene?

_____

3. Insistono che i genitori vedano il gioco?

_____

4. È possibile che queste notizie non siano vere?

_____

5. Avete paura che noi dirigiamo male il canale televisivo?

_____

6. È difficile che quel poliziotto capisca l'inglese?

_____

7. Vuoi che io prenda questa medicina?

_____

8. Dubitate che la trasmissione sia intelligente?

_____

9. La mamma spera che tu dorma nel parco?

_____

10. È necessario che i risparmi vadano alle banche?

_____

18.5 *Riscrivi le frasi usando* **io** *come soggetto del secondo verbo.*

MODELLO   Era importante studiare ogni sera.
           Era importante che io studiassi ogni sera. _____

1. È stato necessario allontanarsi dal paese.

_____

2. Sarebbe possibile arrangiarsi in America.

_____

3. Aveva desiderato essere pugile.

_____

4. Preferiresti diventare prete.

_____

5. Era importante avvicinarsi alla famiglia.

_____

6. Hanno pensato di vestirsi bene.

_____

7. Vorrebbero ricevere un bel regalo.

_____

8. Avete paura di uscire con quel poliziotto.

_____

◆ TRAPASSATO DEL CONGIUNTIVO
PLUPERFECT SUBJUNCTIVE (II)

18.6 *Completa le frasi con il trapassato del congiuntivo o il trapassato dell'indicativo, secondo il contesto.*

1. Lo volevamo trovare dovunque lui (andare) _____ .

2. Ho conosciuto il dottor Pellecchia, che (lasciato) _____

Frattamaggiore molti anni fa.

3. Qualunque cosa tu (dire) _____, nessuno ti avrebbe

creduto.

4. Siete tornati a Montesarchio perchè voi (abbandonare)

_____ una vecchia zia.

5. L'unica medicina che io (prendere) _____ da piccolo era

Dentiplus.

6. Hanno dimenticato che Yagoub (aprire) _____ il baule.

7. Ho saputo che i suoi nonni (emigrare) _____ in Armenia

molti anni fa.

8. I genitori dubitavano che Maurizia (sposarsi) _____ con un

ragazzo di Chianchetelle.

9. Hai telefonato benchè loro (uscire) _____ già.

10. Abbiamo pensato che tu (venire) _____ a lavorare.

11. Quella monaca diceva che (avere) _____ molte incertezze

per il teleromanzo.

12. Le è piaciuto che noi (mettersi) _____ una cravatta da

abbinare al costume da minatore.

18.7 Che cosa fanno? *Scrivi una frase per ogni immagine usando una proposizione secondaria con il congiuntivo. Esprimi il verbo principale in un tempo passato. Scrivi almeno una frase usando una congiunzione che richiede il congiuntivo (**benchè, sebbene**, ecc.).*

1. _____

2. _____

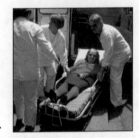

3. _____

4. _____

5. _____

6. _____

IL PERIODO IPOTETICO
IF CLAUSES (III)

18.8 **Ipotesi.** *Riscrivi le frasi usando il condizionale presente e l'imperfetto del congiuntivo nel periodo ipotetico. Dopo, riscrivi queste frasi usando il condizionale passato ed il trapassato del congiuntivo nel periodo ipotetico.*

1. Sarò stanco se non dormirò.

   a. _____

   b. _____

2. Andrà a letto se non finirà la cena.

   a. _____

   b. _____

3. Se abbassiamo il volume, non sentiamo niente.

   a. _____

   b. _____

4. Se lascerete il vostro paese, sarete tristi.

   a. _____

   b. _____

5. Piermaria brinderà ai suoi antenati se troverà un ottimo impiego.

   a. _____

   b. _____

6. Se emigrano in America, si stabiliscono a Brooklyn.

   a. _____

   b. _____

7. Vieni al veglione se hai tempo.

   a. _____

   b. _____

8. Se vedremo gli amici, li saluteremo.

   a. _____

   b. _____

18.9 *Completa le frasi con il tempo corretto del congiuntivo e del condizionale, secondo il contesto.*

1. Sei venuto in Italia ma hai poco tempo: cosa (vedere)

   _____ se tu (avere) _____

   un mese da passare?

2. Mio fratello ha i capelli bianchi ma è giovane. Se io non te lo (dire)

   _____ che ha 29 anni, tu lo (pensare)

   _____ ?

3. Pisoni e Sardella erano importanti presentatori a Rete Tre: se il direttore

   gli (offrire) _____ più denaro, loro (andare)

   _____ a Rete Telealicata.

4. Oggi non siamo andati a fare due passi, ma se noi (andare)

   _____ , certamente (divertirsi) _____ .

5. So che voi non avete denaro: se voi ne (avere) _____ molto,

   cosa ne (fare) _____ ?

18.10 Se fosse così . . . *Usando la tua fantasia, completa le frasi con la forma appropriata del verbo al congiuntivo.*

1. Andrei a cavallo se _____ .

2. Avrebbero brindato a mia madre se _____ .

3. Giuseppina sarebbe andata a Roma se _____ .

4. Ci saremmo stabiliti a Firenze se _____ .

5. Sarebbe entrato nell'ufficio all'una di notte se _____ .

6. Sarei uscito per andare in centro se Cesira _____ .

7. Cambiereste casa se _____ .

8. Cercheresti un nuovo impiego se _____ .

18.11 **Risultati e conseguenze.** *Completa le frasi usando un verbo al condizionale, presente o futuro indicativo, secondo il contesto.*

1. Se sono stanco _____ .

2. Se Vito si allontanasse dalla famiglia, sua madre _____ .

3. Se andremo in Italia, noi _____ .

4. Se tu fossi arrivata in tempo _____ .

5. Se vogliono venire con noi, io _____ .

6. Se io mi riposerò _____ .

7. Se loro giocassero bene a calcio _____ .

8. Se quel vestito è in saldo, tu _____ .

18.12 **Possibilità.** *Rispondi alle domande in una frase con il congiuntivo e condizionale.*

1. Cosa cucineresti se il professore/la professoressa venisse a cena a casa tua?

   _____

2. Cosa direbbe tuo padre se tu gli dicessi di volerti sposare il mese prossimo?

   _____

3. Dove ti stabiliresti se tu potessi trovare un impiego?

   _____

4. Cosa farebbe tuo padre se tu dimenticassi il suo compleanno?

   _____

5. Cosa indosseresti se tu dovessi andare a una festa con il presidente?

   _____

6. Se tu dovessi fare un regalo al professore/alla professoressa, cosa compreresti?

   _____

7. Se un famoso regista ti offrisse una parte in un film, quale personaggio vorresti interpretare?

   _____

8. Se tu fossi su un'isola deserta, che cosa vorresti con te?

   _____

CORRELAZIONE DEI TEMPI NEL CONGIUNTIVO
SEQUENCE OF TENSES IN THE SUBJUNCTIVE (IV)

18.13 *Scrivi la forma corretta del verbo in parentesi secondo il contesto.*

1. È incredibile che Vito (andare) _____ in Sri Lanka l'anno passato.

2. Credevamo che i suoi antenati (venire) _____ da Calascibetta nel 1909.

3. Vorrei che tu domani (portare) _____ il denaro allo zio Carmine.

4. Sarà probabile che io (avere) _____ nostalgia di Pavia quando sarò a Parigi.

5. Sembrava che voi non (lavarsi) _____ prima di uscire.

6. Chiunque (fare) _____ quest'affresco, è bravissimo.

7. Da bambino, i cartoni animati erano i soli programmi alla televisione che mi

   (piacere) _____.

8. Può darsi che i miei genitori (partire) _____ domani per Gonnosfanadiga.

9. Fedele è felice che la settimana passata io (uscire) _____ con lui per andare al Hollywood Club.

10. Ti divertirai dovunque tu (essere) _____.

11. Vorremmo che Nunzia non (spendere) _____ i suoi risparmi per quel pugile.

12. Sebbene voi non (passare) _____ la visita medica, potete arrangiarvi lo stesso.

13. La signora Carnacina ha servito le aragoste benchè (essere)

    _____ molto care.

14. Quantunque noi (dormire) _____ solo due ore, ci siamo svegliati alle sei.

15. Avevano sperato che la monaca (mangiare) _____ le cipolle.

18.14 *Sottolinea la forma corretta del verbo.*

1. Sai dove (va, vada) oggi a fare la spesa?

2. Non ci vuole dire quanto (paga, paghi) il suo nuovo impiego.

3. Sembrava che tu (sia andato, andassi) in Argentina.

4. Siamo certi che voi (potete, possiate) emigrare all'estero.

5. È felice che loro (si siedono, si siedano) vicino a noi.

6. Era probabile che il negozio ci (faccia, facesse) uno sconto.

7. Ho visto un uomo che (portava, portasse) una cravatta di seta rossa.

8. Non vedo nulla che vi (può, possa) piacere.

9. È stata una bella festa che loro (abbiano passato, hanno passato) insieme.

10. Giuseppa, che (è venuta, sia venuta) dall'Australia, si sposerà con Sauro domani.

11. Fernanda ha detto che Fabrizia (è andata, vada) in cucina.

12. Era chiaro che noi (dovessimo, dovevamo) ritornare a mezzanotte.

13. Perchè aveva preferito che tu non (andassi, sia andato) in Oceania?

14. Credevo che voi vi (foste conosciuti, siate conosciuti).

15. La trovavo dovunque (sia andata, andasse).

18.15 *Scrivi l'equivalente delle frasi in Italiano.*

1. I hope you go.

   _____

2. I think he has gone.

   _____

3. If she's cold, she puts on her coat.

   _____

4. If we were to see Manlio, we would tell him of our sadness.

   _____

5. My father was afraid that I had not felt well.

   _____

6. You will want her to bring grapes for tomorrow.

_____

7. Although I had arrived late, her parents were happy to see me.

_____

8. You were happy that you would remain in Bari.

_____

Espansione grammaticale

LA FORMA PASSIVA
THE PASSIVE VOICE (I)

18.16 *Riscrivi le frasi, cambiando dalla forma passiva alla forma attiva.*

1. I bauli erano stati lasciati al confine dagli emigranti.

_____

2. Il documento è stato dato a mia moglie dalla poliziotta.

_____

3. Credo che il vantaggio sia stato perso da quel pugile.

_____

4. La banana era offerta alla bambina dalla mamma.

_____

5. Sembrava che l'affresco fosse stato dipinto da Cimabue.

_____

6. Il denaro è dato da noi a Maria.

_____

7. Le tasse non sarebbero state pagate dai suoi genitori.

_____

8. La lettera è stata scritta da me al presidente.

_____

9. Quella chiesa sarà stata costruita dal Rossellino.

   _____

10. Le scarpe sono pulite da voi.

   _____

11. Pensavo che il dolce fosse stato fatto da te.

   _____

12. Il pollo sarà arrostito da noi.

   _____

18.17 Penso di sì. *Rispondi alle domande in senso positivo usando la forma passiva.*

MODELLO   Giovanna ha comprato una nuova macchina?
          Sì, penso che una nuova macchina sia stata comprata da Giovanna.

1. Ercole ha finito la torta?

   _____

2. Quei musicisti suonano una canzone?

   _____

3. I tuoi parenti hanno lasciato del denaro?

   _____

4. Hai pulito il pesce?

   _____

5. La nonna spedisce i salumi?

   _____

6. Pappi Corsicato ha girato un altro film?

   _____

7. Hanno parcheggiato la macchina?

   _____

8. Hai preso gli scampi?

   _____

L'USO IMPERSONALE DI *SI*
IMPERSONAL USE OF *SI* (II)

18.18 *Rispondi alle domande con l'uso impersonale di si.*

MODELLO   Dove possiamo ballare?
Dove si può ballare? _____

1. Cosa leggiamo in biblioteca?

   _____

2. Cosa mangiamo a casa tua?

   _____

3. Come diciamo in inglese le parole *risparmio* e *impiego*?

   _____

4. Come prepariamo gli spaghetti?

   _____

5. Cosa porteremo alla festa?

   _____

6. Cosa ordineremo al ristorante?

   _____

7. Dove faremo le compere?

   _____

8. Cosa vendono alla macelleria?

   _____

9. Quali programmi guardano?

   _____

10. Cosa suoniamo?

   _____

Scriviamo un po'!

La mia nuova vita

A. *Imagine that you are an Italian immigrant recently arrived in the United States. It is 1920. Write a brief letter to a family member back in Italy. On a separate sheet of paper, jot down and briefly describe some of your experiences—the voyage, your living quarters and your neighborhood, your new language, your search for a job, your health . . . Record your feelings and reactions about each (**credevo, speravo, non sapevo, temevo, era necessario, ero contento(a), avrei preferito che...**). Also express your hopes and dreams for your new life in America (**vorrei che..., se avessi..., se potessi...**). Include any other impressions that will help to portray your experiences.*

B. *Using your notes as a guide, write your letter.*

La mia nuova vita

_____

_____

_____

_____

_____

_____

_____

_____

_____

_____

_____

_____

_____

C. *Review what you have written, paying special attention to the forms and use of the subjunctive and to any if clauses you may have used. Revise your text if necessary.*

◆   ◆   ◆   ◆

Laboratory Manual

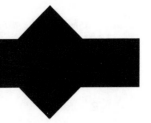

Capitolo preliminare

PRONUNCIA
PRONUNCIATION (I)

A. *Listen to the model and pronounce the words, paying attention to the vowel sounds.*

1.	banana	9.	Eva	17.	Italia	25.	roco
2.	male	10.	bene	18.	solo	26.	costa
3.	casa	11.	zero	19.	dove	27.	luna
4.	cara	12.	eco	20.	pone	28.	musica
5.	bere	13.	diti	21.	vagone	29.	punto
6.	neve	14.	vini	22.	Roma	30.	tuta
7.	sete	15.	mite	23.	porta		
8.	pere	16.	libro	24.	odio		

B. *Listen to the model and pronounce the words, paying attention to silent **h** and the sounds of **d**, **t**, **q**, and **r**.*

1.	hanno	7.	dormire	13.	questo	19.	Rita
2.	hotel	8.	tempo	14.	quando	20.	treno
3.	ho	9.	tedesco	15.	quadro	21.	pronto
4.	hai	10.	titolo	16.	questione	22.	guardare
5.	dente	11.	trenta	17.	ruga		
6.	dado	12.	qui	18.	vero		

C. *Listen to the model and pronounce the words, paying attention to the sounds represented by c or g followed by vowels or by h.*

1.	cinema	8.	giostra	15.	conto	22.	perché
2.	centro	9.	giardino	16.	colore	23.	roche
3.	ciao	10.	Giorgio	17.	gara	24.	laghi
4.	bacio	11.	giovane	18.	guida	25.	lunghe
5.	Gigi	12.	giusto	19.	lungo	26.	paghiamo
6.	giorno	13.	caro	20.	lago	27.	piaghe
7.	gelato	14.	amico	21.	Chianti	28.	ghermire

D. *Listen to the model and pronounce the words, paying attention to the sound represented by gl followed by i.*

1.	gli	4.	aglio	7.	foglie	10.	caglio
2.	foglio	5.	famiglia	8.	gigli		
3.	figlia	6.	taglie	9.	maglie		

E. *Listen to the model and pronounce the words, paying attention to the sound represented by gn followed by a, e, i, o, u.*

1.	ogni	4.	sogno	7.	ragni	10.	pugno
2.	lavagna	5.	lasagne	8.	rogna		
3.	signore	6.	pigna	9.	ognuno		

F. *Listen to the model and pronounce each pair of words, paying attention to single and double consonants. Notice that when an accented vowel precedes the single consonant, the vowel is held longer. Conversely, the accented vowel preceding the double consonant is shorter and the consonant sound is pronounced with more force or is held longer than the single consonant.*

1.	pala / palla	5.	lega / legga	9.	cacio / caccio	13.	bela / bella
2.	caro / carro	6.	moto / motto	10.	fuga / fugga	14.	bevi / bevvi
3.	fato / fatto	7.	eco / ecco	11.	faro / farro		
4.	dona / donna	8.	rida / ridda	12.	papa / pappa		

G. *Write down the words you hear. You may stop the tape as necessary. To check what you have written, see the Answer Key.*

1. _____ 14. _____ 27. _____

2. _____ 15. _____ 28. _____

3. _____ 16. _____ 29. _____

4. _____ 17. _____ 30. _____

5. _____ 18. _____ 31. _____

6. _____ 19. _____ 32. _____

7. _____ 20. _____ 33. _____

8. _____ 21. _____ 34. _____

9. _____ 22. _____ 35. _____

10. _____ 23. _____ 36. _____

11. _____ 24. _____ 37. _____

12. _____ 25. _____ 37. _____

13. _____ 26. _____ 38. _____

H. *Circle the word that you hear, stopping the tape as necessary. To check your answers, see the Answer Key.*

1. dona donna   4. pica picca   7. cacio caccio   10. faro farro

2. moto motto   5. sete sette   8. fuga fugga   11. rida ridda

3. pena penna   6. bela bella   9. pala palla   12. papa pappa

◆ **I NUMERI DA 0 A 100**

NUMBERS FROM 0 TO 100 (III)

I. *You will hear a series of numbers. Using arabic numerals (5 as opposed to V), write the numbers that you hear. You may stop the tape as necessary. To check what you have written, see the Answer Key.*

1. _____   2. _____   3. _____

4. _____   10. _____   16. _____

5. _____   11. _____   17. _____

6. _____   12. _____   18. _____

7. _____   13. _____   19. _____

8. _____   14. _____   20. _____

9. _____   15. _____   21. _____

Capitolo 1

L'università

♦ **PER COMINCIARE**

TO BEGIN WITH

A. **Ripasso. Ascolta e scrivi. (*Listen and write.*)** *You will hear a series of words. Write each one, stopping the tape as necessary. To check what you have written, see the Answer Key.*

1. _____   7. _____   13. _____

2. _____   8. _____   14. _____

3. _____   9. _____   15. _____

4. _____   10. _____   16. _____

5. _____   11. _____   17. _____

6. _____   12. _____   18. _____

B. **Ripasso.** *Circle the word you hear, stopping the tape as necessary. To check your answers, see the Answer Key.*

1. meta / metta

2. cela / cella

3. pane / panne

4. rege / regge

5. cola / colla

6. dona / donna

7. tufo / tuffo

8. geme / gemme

9. avremo / avremmo

10. topo / toppo

11. rupe / ruppe

12. gala / galla

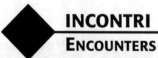
C. Conversazione. *You will hear a conversation twice. Listen carefully the first time. When you hear it a second time, write what you hear, stopping the tape as necessary. To check what you have written, see the Answer Key.*

VITO: _____

ANNA: _____

VITO: _____

ANNA: _____

VITO: _____

ANNA: _____

PRESENTE DEL VERBO *ESSERE* E PRONOMI SOGGETTO
PRESENT TENSE OF THE VERB *TO BE* AND THE SUBJECT PRONOUNS [I]

D. Il verbo *essere*. *Listen to the conjugation of *essere* and repeat each form as you hear it.*

E. Di dove sono? *You will hear about where people are from. In each case, listen carefully to the form of *essere* and write the form you hear. To check what you have written, see the Answer Key.*

1. _____   5. _____

2. _____   6. _____

3. _____   7. _____

4. _____   8. _____

F. Dove sono? *You will hear about where people are. In each case, listen carefully to the form of *essere* and write the corresponding subject pronoun. To check what you have written, see the Answer Key.*

1. _____   4. _____

2. _____   5. _____

3. _____   6. _____

NEGAZIONE
NEGATION [II]

G. **Sì e no.** *You will hear a series of questions. Answer each one affirmatively, then negatively. You will hear a confirmation of each response.*

MODELLO   La signora Barducci è a casa?
Sì, è a casa.
No, non è a casa.

ARTICOLO INDETERMINATIVO
INDEFINITE ARTICLE [IV]

H. *You will hear a series of nouns. For each one, provide the corresponding indefinite article. You will hear a confirmation of each response.*

AGGETTIVI
ADJECTIVES [V]

I. **Uno poi (*then*) due.** *You will hear a series of phrases that describe a single item or person. Change each phrase to describe two items or persons. You will hear a confirmation of each response.*

MODELLO   un ragazzo calmo
due ragazzi calmi

J. **Due poi (*then*) uno.** *You will hear a series of phrases that describe two items or persons. Change each phrase to describe a single item or person. You will hear a confirmation of each response.*

MODELLO   due quaderni gialli
un quaderno giallo

AGGETTIVI CHE PRECEDONO I NOMI
ADJECTIVES THAT PRECEDE NOUNS [VI]

K. **Correzioni.** *Today you feel like correcting people you believe are misinformed. Revise each statement you hear by saying the opposite. In each case, pay special attention to the position of the adjective or adjectives. You will hear a confirmation of each response.*

MODELLO   Giorgio è un bravo studente.
No, è un cattivo studente.

PLURALI IRREGOLARI

IRREGULAR PLURALS [VII]

L. La città di Laura. *Laura's hometown has two of everything. As you ask her about certain buildings and places, she tells you how many there are. Give Laura's responses. You will hear a confirmation of each.*

MODELLO   C'è una biblioteca?
No, ci sono due biblioteche.

Capitolo 2

Il mondo del lavoro

PER COMINCIARE

A. *Circle the word that you hear, stopping the tape as necessary. To check your answers, see the Answer Key.*

1. rida / ridda
2. molo / mollo
3. papa / pappa
4. cori / corri
5. fioco / fiocco

7. fumo / fummo
8. fola / folla
9. meta / metta
10. regia / reggia
11. loto / lotto

12. pena / penna
13. cuce / cucce
14. velo / vello

B. *Circle the word that you hear, paying special attention to the pronunciation of single and double* **s**. *Remember that when a single* **s** *comes between two vowels, it has a sound like* **z** *in English "zoo." To check your answers, see the Answer Key.*

1. poso / posso
2. case / casse
3. resa / ressa
4. tesi / tessi
5. mese / messe
6. leso / lesso

C. *Write down the word that you hear. To check what you have written, see the Answer Key.*

1. _____	7. _____	13. _____
2. _____	8. _____	14. _____
3. _____	9. _____	15. _____
4. _____	10. _____	16. _____
5. _____	11. _____	17. _____
6. _____	12. _____	18. _____

ARTICOLO DETERMINATIVO
THE DEFINITE ARTICLE (I)

D. *You will hear a series of words. Say the definite article for each word you hear. You will hear a confirmation of each response.*

PRESENTE DI *AVERE*
PRESENT TENSE OF THE VERB *TO HAVE* (III)

E. *Listen to the present tense conjugation of **avere un lavoro**, to have a job, and repeat each form.*

F. *Listen to the present tense conjugation of **avere un libro**, to have a book, and repeat each form.*

G. *For each subject pronoun that you hear, say the corresponding form of the present tense of **avere**. You will hear a confirmation of each response.*

Capitolo 3

La famiglia italiana

◆ PER COMINCIARE

A. *Write down the word that you hear. To check what you have written, see the Answer Key.*

1. _____ 7. _____ 13. _____

2. _____ 8. _____ 14. _____

3. _____ 9. _____ 15. _____

4. _____ 10. _____ 16. _____

5. _____ 11. _____ 17. _____

6. _____ 12. _____ 18. _____

AGGETTIVI POSSESSIVI
POSSESSIVE ADJECTIVES (I)

B. *You will hear a series of sentences. Restate the sentences using a possessive adjective to indicate possession by the subject and make it agree with the thing possessed. You will hear a confirmation of each response.*

MODELLO   Io ho due amici. *I miei amici.*

Tu hai un'amica. *La tua amica.*

PRESENTE INDICATIVO DEI VERBI REGOLARI IN *-ARE* E *-ERE*
PRESENT INDICATIVE OF REGULAR *-ARE* AND *-ERE* VERBS (III)

C. Listen to the present tense conjugation of **comprare il libro**, to buy the book, and repeat each form.

D. Listen to the present tense conjugation of **ballare bene**, to dance well, and repeat each form.

E. Say the present tense forms of **invitare i parenti**, to invite the relatives, that correspond to the subject that you hear. You will hear a confirmation of each response.

F. Say the present tense forms of **parlare italiano**, to speak Italian, that correspond to the subject that you hear. You will hear a confirmation of each response.

G. Repeat the present tense conjugation of **ricevere un regalo**, to receive a present.

H. Repeat the present tense conjugation of **prendere un caffè**, to have a cup of coffee.

I. Give the present tense forms of **ripetere la parola**, to repeat the word, that correspond to the subject that you hear. You will hear a confirmation of each response.

J. Give the present tense forms of **scrivere una lettera**, to write a letter, that correspond to the subject that you hear. You will hear a confirmation of each response.

Capitolo 4

Le compere: negozi e mercati

◆ **PER COMINCIARE**

A. *Write down the word that you hear. To check what you have written, see the Answer Key.*

1. _____ 7. _____ 13. _____

2. _____ 8. _____ 14. _____

3. _____ 9. _____ 15. _____

4. _____ 10. _____ 16. _____

5. _____ 11. _____

6. _____ 12. _____

◆ **INCONTRI**

B. *After studying the dialogues on pp. 91–92, respond in the spaces provided to the questions or statements that you hear. Stop the tape after each question to write your answer. You are first purchasing a shirt at a clothing store, then a kilo of broccoli and half a kilo of tomatoes at the fruttivendolo. To check what you have written, see the Answer Key.*

1. _____

2. _____

3. _____

4. _____

5. _____

◆ ◆ ◆ ◆ ◆

1. _____

2. _____

3. _____

4. _____

5. _____

◆ PRESENTE INDICATIVO DEI VERBI IN *-IRE*
PRESENT INDICATIVE OF *-IRE* VERBS (I)

C. *Listen to the present tense conjugation of* **dormire molto**, *to sleep a lot, and repeat each form.*

D. *Listen to the present tense conjugation of* **finire tutto**, *to finish everything, and repeat each form.*

E. *Say the present tense form of* **partire** *that corresponds to the subject that you hear. You will hear a confirmation of each response.*

F. *Say the present tense form of* **capire** *that corresponds to the subject that you hear. You will hear a confirmation of each response.*

◆ NUMERI CARDINALI DA 100 IN SU
CARDINAL NUMBERS FROM 100 ON (II)

G. *You will hear a series of numbers. Using arabic numbers, write down the numbers that you hear. To check what you have written, see the Answer Key.*

1. _____	5. _____	9. _____
2. _____	6. _____	10. _____
3. _____	7. _____	11. _____
4. _____	8. _____	12. _____

13. _____   17. _____   21. _____

14. _____   18. _____   22. _____

15. _____   19. _____   23. _____

16. _____   20. _____   24. _____

Capitolo 5

La donna italiana

PASSATO PROSSIMO CON AVERE
PRESENT PERFECT WITH AVERE (I)

A. *You will hear a verb in a present tense form. Say the corresponding form of the present perfect. You will hear a confirmation of each response.*

PASSATO PROSSIMO CON ESSERE
PRESENT PERFECT WITH ESSERE (II)

B. *You will hear a verb in a present tense form. Say the corresponding form of the present perfect. If the subject is **io** or **noi** make the past participle agree with your gender (male or female). You will hear a confirmation of each response.*

C. *You will hear a verb in a present tense form. Say the corresponding form of the present perfect, remembering to use the correct helping verb, either **essere** or **avere**. If the subject is **io** or **noi**, and the verb is conjugated with **essere**, make the past participle agree with your gender (male or female). You will hear a confirmation of each response.*

Capitolo **6**

Le vacanze

 ### AGGETTIVI DIMOSTRATIVI: *QUESTO / QUELLO*
DEMONSTRATIVE ADJECTIVES: *THIS / THAT* (I)

A. *Using a demonstrative pronoun—a form of* **quello**—*say that you want that one instead of this. You will hear a confirmation of each response.*

> MODELLO   Desideri quest'orologio?   *No desidero quello.*

B. *Using a demonstrative adjective—a form of* **quello**—*say that you are having that or those instead of this one. You will hear a confirmation of each response.*

> MODELLO   Prendi questo giornale?   *No, prendo quel giornale.*

 ### GLI AGGETTIVI *BUONO* E *BELLO*
THE ADJECTIVES *GOOD* AND *BEAUTIFUL / HANDSOME* (II)

C. *Answer the question affirmatively, adding a form of* **bello** *preceding the noun. You will hear a confirmation of each response.*

> MODELLO   C'è una pensione?   *Sì, c'è una bella pensione.*

VERBI IRREGOLARI: *STARE, FARE, DARE, ANDARE*
IRREGULAR VERBS: *TO STAY/TO BE, TO DO/TO MAKE, TO GIVE, TO GO* (III)

D. *Listen to the present tense conjugation of* **stare bene**, *to be well, and repeat each form.*

E. *Listen to the present tense conjugation of* **stare al campeggio**, *to be at the campsite, and repeat each form.*

F. *Say the present tense form of **stare a casa** that corresponds to the subject that you hear. You will hear a confirmation of each response.*

G. *Listen to the present tense conjugation of **fare una vacanza**, to take a vacation, and repeat each form.*

H. *Listen to the present tense conjugation of **fare la torta**, to make the cake, and repeat each form.*

I. *Say the present tense form of **fare** that corresponds to the subject that you hear. You will hear a confirmation of each response.*

J. *Listen to the present tense conjugation of **dare un regalo**, to give a present, and repeat each form.*

K. *Listen to the present tense conjugation of **dare una festa**, to give a party, and repeat each form.*

L. *Say the present tense forms of **dare l'esame** that correspond to the subject that you hear. You will hear a confirmation of each response.*

M. *Listen to the present tense conjugation of **andare in Italia**, to go to Italy, and repeat each form.*

N. *Listen to the present tense conjugation of **andare alla spiaggia**, to go to the beach, and repeat each form.*

O. *Say the present tense form of **andare in macchina** that corresponds to the subject that you hear. You will hear a confirmation of each response.*

PRONOMI POSSESSIVI
POSSESSIVE PRONOUNS (IV)

P. *Say the possessive pronoun (preceded by the correct definite article) that completes each sentence logically. You will hear a confirmation of each response.*

MODELLO   Io ho il mio quaderno: tu hai ___*il tuo*___ .

Capitolo 7

Il tempo libero:
i passatempi e lo sport

PRESENTE DEI VERBI RIFLESSIVI
PRESENT TENSE OF REFLEXIVE VERBS (I)

A. *Listen to the present tense conjugation of* **alzarsi presto,** *to get up early, and repeat each form.*

B. *Listen to the present tense conjugation of* **vestirsi bene,** *to dress well, and repeat each form.*

C. *Say the present tense form of the reflexive verb* **riposarsi** *that corresponds to the subject that you hear. You will hear a confirmation of each response.*

D. *Answer each question affirmatively or negatively. You will hear a confirmation of each response.*

PASSATO PROSSIMO DEI VERBI RIFLESSIVI E RECIPROCI
PRESENT PERFECT OF REFLEXIVE AND RECIPROCAL VERBS (III)

E. *Listen to the questions in the present tense and answer affirmatively (* **sì...** *) in the present perfect. Be sure to make the agreement in the past participle. You will hear a confirmation of each response.*

    MODELLO   Mario e Lina si sposano? *Sì, si sono sposati.*

VERBI SERVILI IRREGOLARI: *DOVERE, POTERE, VOLERE*
IRREGULAR MODAL VERBS: *TO HAVE TO, TO BE ABLE, TO WANT* (IV)

F. *Listen to the present tense conjugation of* **dovere,** *to have to, and repeat each form.*

G. *Listen to the present tense conjugation of **dovere lavorare**, to have to work, and repeat each form.*

H. *Say the present tense forms of **dovere mangiare** that correspond to the subjects that you hear. You will hear a confirmation of each response.*

I. *Listen to the present tense conjugation of **potere**, to be able (can), and repeat each form.*

J. *Listen to the present tense conjugation of **potere guidare**, to be able to drive, and repeat each form.*

K. *Say the present tense forms of **potere nuotare** that correspond to the subject that you hear. You will hear a confirmation of each response.*

L. *Listen to the present tense conjugation of **volere**, to want, and repeat each form.*

M. *Listen to the present tense conjugation of **volere sciare**, to want to ski, and repeat each form.*

N. *Say the present tense forms of **volere giocare** that correspond to the subject that you hear. You will hear a confirmation of each response.*

Capitolo 8

Il Carnevale

PREPOSIZIONI SEMPLICI E ARTICOLATE
SIMPLE AND COMPOUND PREPOSITIONS (I)

A. Look at the picture, then listen carefully to the questions and respond by saying where the various objects are in the room. You will hear a confirmation of each response.

B. You will hear a series of nouns followed by a preposition. Give the correct compound preposition. You will hear a confirmation of each response.

> MODELLO   mostra / a   *alla mostra*

PARTITIVO
THE PARTITIVE (III)

C. You will hear a series of questions that offers you something. Answer positively using a form of the partitive different from the one you hear. You will hear a confirmation of each response.

> MODELLO   Vuoi del pane?   *Sì, voglio un po' di pane.*

VERBI IRREGOLARI: *DIRE, USCIRE, VENIRE*
IRREGULAR VERBS: *TO SAY, TO GO OUT, TO COME* (IV)

D. Listen to the conjugation of **dire buon giorno**, to say good day, and repeat each form.

E. Listen to the conjugation of **dire ciao**, to say hi, adn repeat each form.

F. Say the correct present tense form of **dire** that corresponds to the subject that you hear. You will hear a confirmation of each response.

G. Listen to the present tense conjugation of **uscire presto**, to leave early, and repeat each form.

H. Listen to the present tense conjugation of **uscire in macchina**, to go out in a car, and repeat each form.

I. Say the correct present tense form of **uscire** that corresponds to the subject that you hear. You will hear a confirmation of each response:

J. Listen to the present tense conjugation of **venire alla spiaggia**, to come to the beach, and repeat each form.

K. Listen to the present tense conjugation of **venire da Franco**, to come to Franco's house, and repeat each form.

L. Say the present tense form of **venire** that corresponds to the subject that you hear. You will hear a confirmation of each response.

Capitolo 9

Le feste italiane

PRONOMI DIRETTI
DIRECT OBJECT PRONOUNS (I)

A. *Listen, and answer the questions negatively using a direct object pronoun instead of the noun. You will then hear a confirmation of each response.*

> MODELLO   Vuoi il costume?   *No, non lo voglio.*

B. *Answer the questions affirmatively using a pronoun instead of the noun, and attaching the pronoun to the infinitive after dropping the final -e. You will hear a confirmation of each response.*

> MODELLO   Puoi vedere Lucia?   *Sì, posso vederla.*

C. *Restate the sentence substituting a direct object pronoun for the noun. You will hear a confirmation of each response.*

> MODELLO   Abbiamo mangiato i maccheroni.   *Li abbiamo mangiati.*

CONOSCERE E SAPERE
CONOSCERE AND SAPERE, TO KNOW (III)

D. *Listen to the present tense conjugation of* **conoscere Marco,** *to know Marco, and repeat each form.*

E. *Say the present tense form of* **conoscere** *that corresponds to the subject that you hear. You will hear a confirmation of each response.*

F. *Listen to the present tense conjugation of* **sapere nuotare,** *to know how to swim, and repeat each form.*

G. *Say the present tense form of **sapere** that corresponds to the subject that you hear. You will hear a confirmation of each response.*

Capitolo **10**

Il cinema italiano

PRONOMI INDIRETTI
INDIRECT OBJECT PRONOUNS (I)

A. *Restate the sentences with the correct indirect object pronoun. You will hear a confirmation of each response.*

> MODELLO   Scrivo ai cugini.   *Gli scrivo. (Scrivo loro.)*

B. *Restate the sentences that you hear using an indirect object pronoun. You will hear a confirmation of each response.*

> MODELLO   Dà la mano a Giorgio.   *Gli dà la mano.*

CI
THERE (II)

C. *Answer positively using the pronoun* **ci**. *You will hear a confirmation of each response.*

D. *Restate the sentences substituting a pronoun and make any other necessary changes. You will hear a confirmation of each response.*

NE
OF / ABOUT IT, THEM (III)

E. *Answer affirmatively using* **ne**. *You will hear a confirmation of each response.*

ESPANSIONE GRAMMATICALE

PRONOMI DOPPI
DOUBLE-OBJECT PRONOUNS

F. *Restate the sentences using double-object pronouns. You will hear a confirmation of each response.*

G. *Answer each question negatively, using double-object pronouns. You will hear a confirmation of each response.*

H. *Restate the sentences using double-object pronouns. You will hear a confirmation of each response.*

Capitolo 11

Il cibo e i ristoranti

◆ LA CUCINA ITALIANA

A. *Look at this bill for a meal at a restaurant in Italy. Now listen to the tape and write down the answers to the questions that you hear about this bill. Stop the tape after each question. To check what you have written, see the Answer Key.*

Osteria
al Pescatore

di BOMBANA VIRGINIA & C. s.n.c.
Part. IVA 01716840170
Esercizio e residenza:
Via G. Piana - Tel. 030/916216
25019 SIRMIONE (BS)

chiuso il mercoledì

4.00X	1.000
COPE	4.000
2.00X	4.000
PRIM	8.000
2.00X	5.000
PRIM	10.000
2.00X	7.500
SECO	15.000
SECO	9.000
2.00X	2.800
CONT	5.600
ACQU	.900
VINO	3.000
VINO	1.500
S.TO	57.000
SERV 10.00ZI	
	5.700
S.TO	62.700
-80TT '88/986K9576 R.FI	62.700

Se non compare
la quantità
si intende
QUANTITA UNITARIA

RICEVUTA FISCALE
FATTURA (ricevuta fiscale)
Art. 1 e 2 D.M. 13-10-79

XRF N. 289815 /88

FATTURA n. _____ Cod. Fisc. _____

Sig.- _____

Residenza _____
via _____ comune _____

1. _____

2. _____

3. _____

4. _____

5. _____

6. _____

7. _____

8. _____

9. _____

PRONOMI TONICI
STRESSED PRONOUNS (I)

B. *Answer the questions affirmatively, using a stressed pronoun. You will hear a confirmation of each response.*

C. *Answer the questions affirmatively replacing a stressed pronoun for the direct or indirect object pronoun. Remember to express the preposition when you are substituting for an indirect object pronoun, and that there is no agreement of the past participle with stressed pronouns. You will hear a confirmation of each response.*

> MODELLO   L'hai vista?   *Sì, ho visto lei.*
>
> Le hai scritto una lettera?   *Sì, ho scritto una lettera a lei.*

IL VERBO *PIACERE* AL PRESENTE
THE VERB *TO BE PLEASING* IN THE PRESENT (II)

D. *Say that you like or don't like what you hear. Use **piacere** in the present tense. You will hear a confirmation of each response.*

E. *For each item, you will hear a name followed by a noun. Ask the persons whose names you hear if they like a certain thing. You will hear a confirmation of each response.*

> MODELLO   Fausto: i calamari   *Ti piacciono i calamari?*

IL VERBO *PIACERE* AL PASSATO PROSSIMO
THE VERB *TO BE PLEASING* IN THE PRESENT PERFECT (III)

F. *Imagine that after an extravagant meal your host asks what you liked. Answer using* **piacere** *in the present perfect. You will hear a confirmation of each response.*

G. *Say what the shoppers liked. Complete the sentences with a correct form of* **piacere** *in the present perfect: the indirect object pronoun will refer to the subject. You will hear a confirmation of each response.*

> MODELLO   Piero ha comprato i pantaloncini perchè   *gli sono piaciuti.*

H. *Ask the people indicated if they liked what they had at the restaurant. Use the present perfect of* **piacere**. *You will hear a confirmation of each response.*

> MODELLO   Mario: l'aragosta   *Ti è piaciuta l'aragosta?*

ESPANSIONE GRAMMATICALE

VERBI SIMILI A *PIACERE*
VERBS LIKE *PIACERE*

I. *Say where each person feels pain (hurts). Use the present tense of* **fare male**. *You will hear a confirmation of each response.*

> MODELLO   tu: la gamba   *Ti fa male la gamba.*

J. *Say what interests each person. Use the present tense of* **interessare**. *You will hear a confirmation of each response.*

K. *Say what was enough for each person. Use the present perfect of* **bastare**. *You will hear a confirmation of each response.*

L. *Say what interested each person. Use the present perfect of* **interessare**. *You will hear a confirmation of each response.*

M. *Say what each person has missed. Use the present perfect of* **mancare**. *You will hear a confirmation of each response.*

Capitolo 12

L'arte

IMPERFETTO
IMPERFECT (I)

A. Listen to the imperfect conjugation of **andare al museo**, to go to the museum, and repeat each form.

B. Listen to the imperfect conjugation of **scrivere una lettera**, to write a letter, and repeat each form.

C. Listen to the imperfect conjugation of **dormire molto**, to sleep a lot, and repeat each form.

D. Say the correct imperfect form of **aspettare gli amici** that corresponds to the subject that you hear. You will hear a confirmation of each response.

E. Say the correct imperfect form of **leggere un libro** that corresponds to the subject that you hear. You will hear a confirmation of each response.

F. Listen to the imperfect conjugation of **essere in Italia**, to be in Italy, and repeat each form.

G. Say the correct imperfect form of **essere al museo** that corresponds to the subject that you hear. You will hear a confirmation of each response.

H. Say how things used to be years ago. Restate each sentence using the imperfect, beginning with **una volta**. You will hear a confirmation of each response.

MODELLO   Ora non posso mangiare tre gelati.
Una volta potevo mangiare tre gelati.

I. *Change the verbs from the present tense to the imperfect. You will hear a confirmation of each response.*

ES *P*ANSIONE GRAMMATICALE

PASSATO REMOTO
PAST ABSOLUTE

J. *Restate each sentence using the corresponding form of the present perfect for each verb in the **passato remoto**. You will hear a confirmation of each response.*

Capitolo 13

La moda

FUTURO SEMPLICE
FUTURE TENSE (I)

A. Listen to the future tense conjugation of **portare il cappello**, to wear a hat, and repeat each form.

B. Listen to the future tense conjugation of **prendere il panino**, to have a sandwich, and repeat each form.

C. Listen to the future tense conjugation of **preferire Armani**, to prefer Armani, and repeat each form.

D. Say the future tense form of **insegnare** that corresponds to the subject that you hear. You will hear a confirmation of each response.

E. Say the future tense form of **chiedere** that corresponds to the subject that you hear. You will hear a confirmation of each response.

F. Say the future tense form of **capire** that corresponds to the subject that you hear. You will hear a confirmation of each response.

FUTURO DEI VERBI IRREGOLARI
FUTURE OF IRREGULAR VERBS (II)

G. Listen to the future tense conjugation of **fare colazione**, to have breakfast, and repeat each form.

H. Say the future tense form of **fare** that corresponds to the subject that you hear. You will hear a confirmation of each response.

I. Listen to the future tense conjugation of **essere a Firenze**, to be in Florence, and repeat each form.

J. Say the future tense form of **essere** that corresponds to the subject that you hear. You will hear a confirmation of each response.

K. Listen to the future tense conjugation of **venire presto**, to come early, and repeat each form.

L. Say the future tense form of **venire** that corresponds to the subject that you hear. You will hear a confirmation of each response.

M. Repeat each sentence or question changing the present tense verb to the future. You will hear a confirmation of each response.

N. Answer the questions negatively for the people addressed using the future tense and **domani**. You will hear a confirmation of each response.

> MODELLO "Dottor Lopopolo, si è fatto la barba?"
> "No, mi farò la barba domani."

O. Restate each sentence that you hear in another way to indicate possibility, using the future tense. You will hear a confirmation of each response.

P. Look at the pictures and answer the questions that you hear by guessing and using the future of probability. You will hear a confirmation of each response.

Capitolo 14

La città e i monumenti

IMPERATIVO
IMPERATIVE (I)

A. *You will hear questions addressed to a person or persons. Use an imperative for the verb in the present tense and use the correct form of address. You will hear a confirmation of each response.*

> MODELLO   Signor Bagicalupo, perchè non prende un antipasto?
> *Prenda un antipasto!*

B. *You will hear a stubborn child refusing to do certain things. Order him to do what he says he won't do. You will hear a confirmation of each response.*

> MODELLO   Non voglio giocare!   *Gioca!*

C. *Complete the sentences with a corresponding imperative. You will hear a confirmation of each response.*

D. *After studying the irregular imperative verbs, complete the sentences that you hear. If there is a pronoun, be sure to place the pronoun correctly. You will hear a confirmation of each response.*

E. *You will hear a series of questions. For each question use an imperative and substitute a pronoun for the noun. Be sure to place the pronoun correctly. You will hear a confirmation of each response.*

> MODELLO   Vuoi fare la lezione?   *Falla!*

F. *You will hear a series of commands. Restate the command substituting a pronoun for the noun. You will hear a confirmation of each response.*

G. *You will hear a series of commands. Restate each command using an indirect object pronoun. You will hear a confirmation of each response.*

IL CONDIZIONALE PRESENTE
THE PRESENT CONDITIONAL (II)

H. *You will hear questions directed to you and another person, as if you were making plans for a trip. Answer the questions affirmatively for yourself, or for yourself and your imaginary companion. You will hear a confirmation of each response.*

I. *You will hear sentences in the present tense. Restate them using the conditional. You will hear a confirmation of each response.*

ESPRESSIONI NEGATIVE
NEGATIVE EXPRESSIONS (III)

J. *Restate each sentence that you hear to give the opposite meaning, using **nessuno**. You will hear a confirmation of each response.*

K. *Restate each sentence that you hear to give the opposite meaning, using **niente** or **nulla**. You will hear a confirmation of each response.*

L. *Restate each sentence that you hear to give the opposite meaning, using **non...più**. You will hear a confirmation of each response.*

M. *Restate each sentence that you hear to give the opposite meaning, using **nè...nè**. You will hear a confirmation of each response.*

N. *Restate each sentence that you hear to give the opposite meaning, using **(non)...neanche**. You will hear a confirmation of each response.*

O. *Restate each sentence that you hear to give the opposite meaning, using **(non)...mai**. You will hear a confirmation of each response.*

P. *Restate each sentence that you hear to give the opposite meaning, using **non...ancora**. You will hear a confirmation of each response.*

Capitolo **15**

L'ecologia e l'ambiente

 ## COMPARATIVI
COMPARATIVES (I)

A. *You will hear a series of statements. Give an opposing view using* **meno** *instead of* **più**. *You will hear a confirmation of each response.*

> MODELLO   L'energia nucleare è più importante dell'energia solare.
> *No, l'energia nucleare è meno importante dell'energia solare.*

B. *You will hear a series of statements that affirm that two things have equal qualities. Using the comparative with* **più**, *disagree. You will hear a confirmation of each response.*

> MODELLO   Il vino bianco è buono; anche il vino rosso è buono.
> *No, il vino rosso è più buono del vino bianco.*

 ## AVVERBI
ADVERBS (IV)

C. *Restate the sentences that you hear using an adverb instead of the words* **in modo** = *in a manner, followed by an adjective. Use an adverb that corresponds to the adjective. You will hear a confirmation of each reponse.*

D. *You will hear statements that begin with the verb* è *followed by an adjective and* **che, come, quando** *or* **mentre**. *Restate the statements using a corresponding adverb. Be sure to place the adverb correctly. You will hear a confirmation of each response.*

> MODELLO   È magnifico come canta.
> *Canta magnificamente.*

Capitolo 16

La musica e le canzoni

PRONOMI RELATIVI
RELATIVE PRONOUNS (I)

A. *You will hear a series of questions. Answer the questions affirmatively (Sì...) using the relative pronoun **cui**. You will hear a confirmation of each response.*

MODELLO Esci con quegli amici?
Sì, sono gli amici con cui esco.

B. *You will hear brief sentences. Restate each sentence beginning with **C'è** or **Ci sono** and using the relative pronoun **che**. You will hear a confirmation of each response.*

MODELLO Il pianista suona con la cantante.
C'è un pianista che suona con la cantante.

C. *You will hear a series of brief statements. Make a question for each statement using **Hai visto** and the relative pronoun **che**. You will hear a confirmation of each response.*

MODELLO Quell'uomo scende dal palcoscenico.
Hai visto quell'uomo che scende dal palcoscenico?

D. *You will hear several questions. Answer each question affirmatively (Sì...), using the relative pronoun **cui** preceded by a preposition. You will hear a confirmation of each response.*

MODELLO Pensi a quel film?
Sì, è il film a cui penso.

AGGETTIVI INDEFINITI
INDEFINITE ADJECTIVES (II)

E. *You will hear a series of questions. Answer each question affirmatively (**Sì...**) using the correct form of **tutto** and the definite article. You will hear a confirmation of each response.*

MODELLO   Hai mangiato la carne?
           Sì, ho mangiato tutta la carne.

ESPANSIONE GRAMMATICALE

IL GERUNDIO E IL PRESENTE PROGRESSIVO
THE GERUND AND THE PRESENT PROGRESSIVE (I)

F. *You will hear statements that begin with **mentre** or **quando** and are followed by a conjugated verb. Restate each sentence using a gerund to replace the conjugated verb introduced by **mentre** or **quando**. You will hear a confirmation of each response.*

MODELLO   Quando stiamo davanti alla televisione, non pensiamo.
           Stando davanti alla televisione, non pensiamo.

Capitolo 17

I mezzi di comunicazione

PER COMINCIARE

A. After reading **Per cominciare** and studying **Parole e espressioni utili**, answer the questions that you hear.

CONGIUNTIVO PRESENTE
PRESENT SUBJUNCTIVE (I)

B. Listen to the present subjunctive conjugation of **tornare** in the sentence **Carlo vuole che io torni**, and repeat each form.

C. Complete each sentence that you hear with the appropriate present subjunctive form of **parlare**. You will hear a confirmation of each response.

D. Listen to the present subjunctive conjugation of **scrivere** in the sentence **Lucia spera che io scriva**, and repeat each form.

E. Complete each sentence that you hear with the appropriate present subjunctive form of **leggere**. You will hear a confirmation of each response.

F. Listen to the present subjunctive conjugation of **È bene che io finisca**, and repeat each form.

G. Complete each sentence that you hear with the appropriate present subjunctive form of **capire**. You will hear a confirmation of each response.

H. *You will hear sentences with an infinitive after a conjugated verb. At the end of each sentence you will hear a subject pronoun different from that of the conjugated verb. Restate the sentence using the second subject pronoun as the subject of the subordinate clause, and use the correct form of the present subjunctive. You will hear a confirmation of each response.*

MODELLO È possibile ascoltare la telenovela. (tu)
È possibile che tu ascolti la telenovela.

CONGIUNTIVO PASSATO
PAST SUBJUNCTIVE (II)

I. *For each item you will hear a short sentence in the indicative. Then you will hear a short utterance that takes the subjunctive. Begin with this second utterance, and make the first a subordinate clause in the present subjunctive. You will hear a confirmation of each response.*

MODELLO Loro arrivano a Roma. Credo che
Credo che loro arrivino a Roma.

J. *For each item you will hear a short sentence in the present perfect. Then you will hear a short utterance that takes the subjunctive. Begin with this second utterance, and make the first a subordinate clause in the past subjunctive. You will hear a confirmation of each response.*

MODELLO Le ragazze sono partite. Mi dispiace che
Mi dispiace the le ragazze siano partite.

Capitolo 18

Gli italiani in America

IMPERFETTO DEL CONGIUNTIVO
IMPERFECT SUBJUNCTIVE (I)

A. *You will hear sentences that begin with* **Sembra** *and include a present subjunctive. Restate each sentence, beginning with* **Sembrava**, *and change the present subjunctive to the imperfect subjunctive. You will hear a confirmation of each response.*

> MODELLO   Sembra che Vito mangi al ristorante.
> *Sembrava che Vito mangiasse al ristorante.*

B. *You will hear a series of questions. Answer the questions affirmatively with* **Sì** *using the imperfect indicative and the imperfect subjunctive. You will hear a confirmation of each response.*

> MODELLO   Credi che Carlo arrivi tardi?
> *Sì, credevo che Carlo arrivasse tardi.*

C. *Restate the sentences, making* **io** *the subject of the second verb. You will hear a confirmation of each response.*

> MODELLO   Era importante studiare ogni sera.
> *Era importante che io studiassi ogni sera.*

IL PERIODO IPOTETICO
IF CLAUSES (III)

D. *Restate the sentences using the present conditional and the imperfect subjunctive in the* **se** *clause. Then restate them using the past conditional and the pluperfect subjunctive in the* **se** *clause. You will hear a confirmation of each response.*

MODELLO   Mangerò se avrò fame.
          Mangerei se avessi fame.
          Avrei mangiato se avessi avuto fame.

ESPANSIONE GRAMMATICALE

LA FORMA PASSIVA
THE PASSIVE VOICE (I)

E. *You will hear sentences in the passive voice. Restate each sentence changing the passive voice to the active voice. You will hear a confirmation of each response.*

MODELLO   Il dolce è stato ordinato da Carlo.
          Carlo ha ordinato il dolce.